현명한 아이는
부모의 이야기를
먹고 자란다

현명한 아이는 부모의 이야기를 먹고 자란다

 김원 지음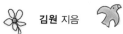

엄마, 아빠의 스토리텔링으로 아이 키우기

사랑하는 어머니께

아이에게 직접 만든 이야기를
들려준다는 것

아이가 태어난다는 것은 또 그만큼의 엄마 아빠가 세상에 나온다는 의미다. 탄생은 그래서 언제나 신비롭다.

제페토 할아버지에게 피노키오가 없었다면, 그는 그저 콧잔등에 묻은 톱밥을 훔치는 소박한 삶을 이어갔을 것이다. 하지만 생명의 숨결이 나무인형에 깃든 순간, 평범한 늙은 목수는 고래 배 속으로 뛰어드는 모험도 두려워하지 않는 사람이 된다.

그렇다.

평범한 일상을 살던 우리에게 "응애~" 하는 아기 울음소리는 모험을 알리는 경적이다. 아기의 울음이 울려 퍼지는 순간부터 아기는 물론 엄마 아빠의 눈앞에도 새로운 세계로 가는 앨리스의 토끼굴이 활짝 열린다. 그리고 우리는 앨리스가 그랬던 것처럼 눈앞에 펼쳐지는, 전에는 겪어보지 못했던 스펙터클한 장관에 놀란다. 온 집 안에 널려 있는 돌돌 말린 기저귀 뭉치, 발에

치이는 장난감, 하얀 벽지에 그려진 수많은 크레파스 낙서들……

　　머리를 감싸 쥐고 우울해할 틈도 없이, 아이는 앨리스의 바쁜 토끼처럼 어딘가로 가서 무언가를 엎지르고 뒤집어쓰고 정체불명의 물체를 빨며 모서리에 부딪혀 울고 있다. 모든 것이 처음인 아이가 그렇게 모험을 하는 동안, 초보 엄마 아빠는 때때로 깊은 피로감에 빠져들곤 한다.

　　문제는 엄마 아빠가 그 여정을 아이만큼 즐기지 못한다는 데 있다.

　　　엄마 아빠의 동화 만들기는 바로 그 지점에서 시작된다. 이야기를 만든다는 것은 분명 듣는 이와 읽는 이를 위한 것일 텐데, 흥미롭게도 많은 작가들이 자기 치유의 목적으로, 그리고 스트레스로부터 벗어나기 위해 글을 썼다. 그것은 이야기가 만드는 이와 듣는 이 모두에게 공평하게 마법 같은 경험을 선사하기 때문이다. 그런데 모험의 길목에서 여전히 망설이는 많은 엄마 아빠는 이런 질문을 던질지 모른다.

"나는 이야기라는 걸 써본 적이 없는데요."

"이야기에는 영 재능이 없어요……"

"내가 만든 이야기가 아이에게 오히려 해가 되지 않을까요?"

"애랑 하루 종일 씨름하는데 피곤하게 또 이야기를 만들어야 한다고 요?"

　가장 절실하게 와 닿는 마지막 질문부터 차례로 대답을 해보자면, 당장 펜을 들고 기록하는 형태가 아니어도 좋다. 아이가 잠들기 전 잠자리에서 "엄마, 이야기 하나만~" 하고 말할 때 머릿속에 맴도는 이야기를 해주면 그만이다. 시시한 이야기일 수도 있지만, 아이에게는 그 어떤 위대한 작가들의 것보다 유익하다. 유일한 독자이자 청자인 내 아이의 성격과 특성에 꼭 맞는 세상에 하나뿐인 이야기이기 때문이고, 그 안에는 아이에 대한 관심과 사랑이 듬뿍 담겨 있기 때문이다.

　이야기에 재능이 없다거나 창작 경험이 없다는 것 역시 전혀 문제가 되지 않는다. 우리의 삶과 일상은 따지고 보면 모두 이야기로 구성되어 있는데, 그것이 들이마시는 공기처럼 너무 당연한 것이기에 감지하지 못할 뿐이다.

　이 지점에서 필요한 것은 우리가 이야기꾼이라는 사실을 담담히 받아들이

고 재미있는 이야기를 구성하는 몇 가지 원리들을 배우는 일이다.

이 책은 바로 그 목적을 위해 쓰였다.

아이들을 위한 동화나 이야기 만들기의 몇 가지 기본적인 원리를 배우고, 또 직접 만든 동화와 잘 알려지지 않은 이야기들을 소개하기도 할 것이다. 또한 이야기가 어떤 마법 같은 힘을 지니고 있는지 탐구해보기도 하고 아이들과 부모에게 주는 놀라운 영향력에 대해서도 알아보고자 한다.

무엇보다 아이와 함께 떠나는 이 모험의 길이
좀 더 흥미진진하고 즐거운 이야기들로 가득 차게 되기를……
때로는 울퉁불퉁 산을 오르고 흠뻑 젖은 채 뗏목을 타고
알 수 없는 네버랜드로 가는 여정이
즐거운 오늘로 기억되기를……

그런 마음으로 이야기를 시작하고자 한다.

목차

1장

이야기의
이야기들

1. 이야기의 기쁨

: 이야기를 들려주는 마음가짐

동화를 직접 읽어주거나 창작하는 일은 분명 피곤한 일일 것이다.

그런데 우리는 왜! 왜 그렇게 피곤한 일을 하고 있는 걸까?

하루 종일 회사에서 시달리다 집에 돌아와 샤워를 마쳤다. 기다렸다는 듯 달려온 다섯 살 아들은 아빠 엄마 머리카락의 물기가 채 마르기도 전에 자신의 놀이 계획을 설명한다.

>"먼저 블록 놀이 하고, 붕붕차 놀이 한 다음, 장수풍뎅이 놀이 해
>요~"

대체 장수풍뎅이 놀이가 뭔지는 모르겠으나, 아무튼 놀이 임무를 마치고 아이를 달래서 침대에 눕히자마자 이 녀석은 또 눈을 반짝거리며 이야기를 내놓으라고 보챈다.

>"좋아…… 동화책 두 번만 읽고 자는 거다!"

하지만 그럴 리가 있나. 두 번만 하기로 한 동화 읽기는 세 번이 되고 네 번이 된 다음 결국 엄마 아빠의 "이제 그만!" 하는 말로 마무리되는 경우가 많다. 다음 날 밤에도 세 번, 네 번 동화 읽기는 되풀이된다. 이때 부모의 마

음속에는 어렴풋이 이런 심리가 자리하곤 한다.

> '비록 내 몸은 피곤하지만, 동화책 읽어주기는 아이의 정서 교육
> 에 분명 좋을 거야. 그러니 아이를 위해 오늘도 봉사를……'

아이의 교육을 위해 동화를 읽어주고 이야기를 들려준다는 생각은 반은 맞고 반은 틀리다. 만약 그 '아이 교육'의 의미가 글자를 빨리 깨치거나 말솜씨가 좋아지고 어휘량이 늘어나는 것이라면 단언컨대 틀렸다. 그러한 교육적 효과는 맥락에서 벗어난 단순한 부산물에 가깝기 때문이다. 특히 이러한 교육적 입장에 서게 되면 많은 문제가 발생하는데, 그중 대표적인 첫걸음이 바로 '아이 수준에 맞는 동화나 이야기 찾기'라고 할 수 있다.

5세 아이를 위한 동화!
초등학교 5학년용 문학전집!

서점에서 흔히 접할 수 있는 이런 책들은 우리뿐 아니라 서구에서도 큰 관심의 대상이었다. 특히 미국의 아동학자들은 이 맞춤형 동화의 효용에 대해 꽤 긴 논쟁을 벌여왔다. 하지만 이러한 맞춤형 이야기의 문제는 미국의 사회학자 배리 손Barrie Thorne이 지적한 다음 문장에서 확인할 수 있다.

> "어른들의 관심 탓에 아이들의 경험이 걸러진다."
> (The experiences of children are filtered through adult concerns.)

인지과학자들과 인문학자들은 이야기의 비밀을 알아내기 위해 많은 시간과 노력을 들여 탐구를 거듭했다. 그 결과 이야기의 매우 많은 효용이 밝혀졌는데, 이야기의 가장 중요한 기능 중 하나는 **이야기는 그 자체로 경험**이라는 점이다. 유아기의 아이들은 서툰 표현이나마 끊임없이 이야기를 만들어낸다. 물론 거짓말도 이에 속한다. 때론 황당하고 끔찍한 상황을 묘사해 부모를 놀라게 할 때도 있지만, 아이들은 그 모험을 삶의 경험으로 축적한다.

바로 이야기로 둘러쳐진 울타리 안에서 말이다.

이야기 안에서는 돼지 삼형제의 집이 와르르 무너지기도 하고, 호랑이가 떡 파는 어머니를 잡아먹기도 한다. 하지만 괜찮다. 그것은 이야기일 뿐이다. 아이들은 나름의 관점에서 이야기를 받아들이며 감정을 단련하고 사고와 지혜, 그리고 용기에 대해 깨닫는다. 만약 교육적 관점에서만 이야기를 바라본다면, 새끼 양을 잡아먹은 늑대를 찾아가 배를 가르고 양을 구한 다음 그 안에 돌을 채워 넣어 익사하게 만드는 이야기는 교육적으로 좋지 않다며 멀찌감치 치워놓아야 할 수도 있다. 이러한 시각은 필연적으로 아이들의 가능성을 걸러내고 경험을 제한한다.

반대로 만약 교육의 의미가 어떤 숫자로 드러나는 목표가 아니라 아이의 삶에 유익한 영향을 끼치는 배움을 의미한다면, 아이의 교육을 위해 동화를 읽고 이야기를 들려준다는 말은 맞는 말일 수 있다.

아이에게 동화책 읽기, 이야기 듣기는
'독서'가 아니라 '놀이'다.

놀이는 즐거움이다. 아이가 졸린 눈으로 엄마, 아빠, 할머니, 할아버지의 팔베개를 베고 듣는 옛날이야기는 당연히 기분 좋은 감정으로 이어진다. 어린 시절의 '이야기 듣기, 책 읽기'가 긍정적 감정과 연결되면 그 경험은 아이가 성장한 후에도 강한 영향력을 발휘한다. 아이는 자신의 삶을 돌아보고 지혜를 얻으며 남들과 사랑을 나눌 수 있게 해주는 강력한 도구인 이야기의 마법 같은 힘에 매력을 느끼게 되었기 때문이다.

따라서 엄마와 아빠가 이야기를 만들고 들려주는 데 있어 중요한 것은, 그 어떤 목적도 염두에 두지 않고 하나의 놀이로서 **감정과 경험을 공유하고자 하는 마음**이다.

이야기는 언제나 그 다음이다.

할머니는 제 누이보다 저를 훨씬 더 귀여워해주시고 매일 밤 이야기책을 읽어주셨습니다. 그중 채소 장사 오시치의 이야기를 들었을 때의 감격을 저는 지금도 생생하게 맛볼 수 있습니다. 그리고 할머니가 장난으로 저를 '기치자'라 불러주실 때의 그 기쁨, 램프의 노란 등불 아래서 고즈넉이 이야기책을 읽고 계시는 할머니의 아름다운 모습.

그래요. 저는 빠짐없이 잘 기억하고 있습니다.

유독 그날 밤의 슬픈 모기 이야기를 이상하게도 저는 잊을 수가 없습니다.

그러고 보면 그건 분명 가을이었습니다.

"가을까지 살아남아 있는 모기를 슬픈 모기라 한단다……
모깃불은 피우지 않는 법……
불쌍하기 때문이지."

아아, 한 구절 한 마디 그대로 저는 기억하고 있습니다.

−다자이 오사무, 『만년』 중 「잎」

2. 이야기와 놀이
: 노니까 아이다. 노니까 사람이다.

아이에게 이야기는 놀이 그 자체다.

최근에는 놀이의 중요성을 강조하는 입장을 쉽게 접할 수 있으니 다행이다. 하지만 얼마 전까지만 해도 우리 사회에는 놀이를 배척하는 사회적, 문화적 전통이 굳건히 자리하고 있었다. 많은 노동력을 필요로 하는 농경사회에서는 근면이 최고의 덕목일 수밖에 없었고, 시간마저 금전으로 환산되는 자본주의 사회에서 놀이는 추방해야 할 악덕과 같은 것이었다.

그러나 다행스럽게도 우리는 끈질기게 놀아왔다. 10분에 불과한 학교 쉬는 시간에도 지우개 따먹기를 하고, 이불 속에서 낄낄대며 비밀 이야기를 나눴으며, 누가 오줌줄기를 가장 높이 올리는지 내기까지 하면서 참으로 열심히 놀아왔다. 그 부분에는 자긍심을 느껴도 좋을 정도다. 신생아 때조차 엄마 젖을 빨면서 젖꼭지로 장난을 쳤었음을 기억한다면, 놀이란 대단히 강력한 본능임이 분명하다.

이렇게 줄기차게 놀아왔음에도 불구하고, 놀이는 '생산적이지 않은 행위'라는 오명을 쓴 채 문화적 관심사에서 멀어져 있었다. 덕분에 놀이 탐구의 학문적 역사도 그리 길지 않다. 아리스토텔레스가 '웃는 동물animal ridens'이라는 개념을 만든 지 수천 년 후에야 '노는 인간Homo Ludens'이라는 용어가 정립되었으니, 놀이 유전자의 강력함을 억누르려는 사회적 압력이 얼마나 엄청났는지 짐작할 만하다. 따지고 보면 근엄한 얼굴을 하고 있는 권력자들 입장에서는 낄낄대며 이야기를 만들고, 공연하고, 열심히 노는 사람들이 얼마나 미워 보였겠는가? 얼마 전 타계한 움베르토 에코의 『장미의 이름』에서는 실제로 웃음 때문에 수도사들이 죽어나간다!

우리도 노는 대중을 바라보는 권력자들의 표정으로 아이를 키우고 있지는 않은지 거울을 들여다볼 필요가 있다. 그리고 놀이를 문화 연구의 대상으로 끌어올린 네덜란드 역사학자 요한 하위징아Johan Huizinga, 프랑스의 평론가 로제 카유아Roger Caillois의 조언을 떠올려보자.

노니까 어린아이다! 노니까 사람이다!

하위징아와 카유아는 놀이가 현실을 흉내 내는 차원을 넘어선 현실 그 자체라는 점을 강조한다. 놀이에는 언제나 최소한의 약속이 필요하고 그 약속 안에서 신나게 놀면서 우리는 현실을 배우고, 때로 현실을 넘어설 방법을 모색한다.

실제로 아이가 "아빠, 놀아줘요!" 하고 뛰어오는 순간을 자세히 들여다보라. 아이는 참으로 절박하게 놀이를 갈구하고 있지 않은가! 최종 경쟁 PT를 앞둔 광고기획자의 간절함도 이에 비할 바가 아니다. 그 이유는 아이의 DNA 속에 놀이를 통해 세상을 배우고 경험을 축적하고자 하는 욕구가 숨어 있기 때문이다. 아이들의 "놀자!"는 외침은 (어른의 말로 번역하면) "아빠 엄마, 공부하고 싶어요!"와 마찬가지의 의미다.

그렇다면 이야기로 어떻게 놀 수 있을까?

영화의 한 장면처럼 잠들기 전 머리맡에서 이야기를 들려주는 엄마 아빠의 모습은 물론 좋다. 하지만 아이에게 이야기가 놀이의 형태임을 기억한다면, 굳이 어른의 독서처럼 정적일 이유는 없다. 이쯤에서 놀이의 대가가 들려주는 분류법을 살펴보자.

앞서 말한 하위징아나 카유아 같은 학자들은 놀이를 대략 다음과 같이 구분했다. 쉽게 요약하자면 1) 경쟁놀이 2) 행운놀이 3) ~인 척하는 놀이 4) 현기증을 일으키는 (몸)놀이가 그것이다.

이러한 놀이 구분은 두 가지 측면에서 효용이 있다. 첫째, 이야기의 창작 모티프로서 활용 가능하다는 점과 둘째, 이야기 들려주기 방식에 적용할 수 있다는 점이다.

먼저 창작 모티프로서의 활용법을 간단히 살펴보자.
「토끼와 거북이」 이야기는 경쟁이라는 아주 친근한 구조를 모티프로 한다. 행운놀이는 '황금알을 낳는 거위'를 우연히 얻게 되는 농부 이야기와 연관되고, '~인 척하는 놀이'는 「왕자와 거지」, '현기증을 일으키는 (몸)놀이'는 몸을 오싹하게 만드는 호랑이가 등장하는 「해님 달님」이 적절한 예가 될 것이다. 이런 기본적인 놀이로서의 이야기 모티프는 아이에게 동화를 만들어줄 때 유용하게 사용할 수 있을뿐더러, 이리저리 섞어서 구조를 짠다면 훨씬 더 재미있는 이야기를 만들 수 있는 원재료가 된다. 어쨌든 동화 만들기는 추후에 차차 설명하기로 하자. 여기서 강조하고 싶은 것은 바로 이야기 들려주기 방식이다.

지금껏 아이에게 동화책을 읽어주거나 이야기를 지어내서 들려줄 때 호랑이가 '어흥!' 하는 정도의 성대모사가 전부였다면, 이제는 놀이 형태에 가까운 이야기하기를 추천한다. 이야기는 놀이이기 때문이고, 놀이로서 구연될 때 아이들이 더 극적으로 반응하고 이를 경험의 형태로 쉽게 소화할 수 있기 때문이다.

이야기를 놀이로 활용하는 것은 의외로 어렵지 않다. 「토끼와 거북이」 이야기를 할 때는 실제로 경주를 해보는 것이다. 거실이 좁거나 층간소음이 걱정이라면 침대나 소파에서 해도 상관없다.

"자, 침대 끝에서 베개 있는 곳까지 가는 거야!"

다시 한 번 말하지만, 놀이로서의 이야기에서 중요한 것은 장소나 이야기 내용이 아니다. 토끼와 거북이의 마음속으로 들어가는 순간이다. 아빠가 토끼가 되고 아이가 근면한 거북이가 되는 순간, 단순한 우화는 풍부한 이야기로 아이 마음속에서 다시 창작된다. 이야기가 잠시 머물다 흘러나가지 않고 놀이의 DNA와 결합해 강렬한 경험으로 축조되는 것이다.

하위징아는 이를 상상력의 개념과 결부시켜 다음과 같이 설명한다.

우리는 새들이 이런 연기(춤추기)를 펼쳐 보일 때 어떤 느낌인지 알지 못한다. 하지만 어린 시절 이런 종류의 연기를 펼칠 때 상상력이 충만했다는 것은 알고 있다.

어린아이는 실제의 자신과는 다른 어떤 것, 더 아름다운 것, 더 고상한 것, 더 위험스러운 것의 이미지를 만들고 있는 것이다. 그렇게 하여 아이는 왕자가 되고 아버지가 되고 사악한 마녀가 되고 혹은 호랑이가 된다.

어린아이는 문자 그대로 기쁨에 넘쳐 자기 자신 밖으로 나가버린다.

그의 재현(다른 어떤 것이 되기)은 가짜 현실이라기보다 외양의 실현이다. 바로 이것이 상상력imagination의 원뜻이다.

－요한 하위징아, 『호모루덴스』 중

상상력의 원천은 이처럼 새와 왕자와 마녀와 호랑이를 흉내 냄으로써 그들 마음에 들어가는 데에서 시작된다.

이와 마찬가지로 사랑하는 아이를 위한 이야기나 동화 창작에서의 핵심은, 대중성을 지닌 플롯이나 교훈적인 메시지, 방대한 서사가 결코 아니다.

이야기하기의 핵심은 독자인 아이의 마음에서
어떤 일이 벌어지게끔 하는 데 달렸다.

현기증을 일으키는 몸놀이도 마찬가지다. 소파는 배가 되고 아빠는 시계를 삼킨 악어가 된다. 피터 팬이 소파처럼 생긴 배 위에서 소리치는 동안 아빠는 그 앞에 앉아 '째깍째깍'이 됐든 '똑딱똑딱'이 됐든 시계 소리를 내며 입을 한 번씩 벌려준다. 아이의 눈에는 아말감으로 치료한 아빠의 치아가 후크 선장의 손목을 물어뜯은 무시무시한 악어 이빨로 보일 것이다. 몸을 감싸는 현기증에 오싹해져 소리를 지르는 건 당연하다. 마음을 움직이는 이야기 들려주기란 바로 그런 것이다.

그러니 이 세상의 멋진 엄마 아빠들은 꼭 기억해두시길.
동화나 이야기의 내용에 앞서, 아이의 마음 깊은 곳에서 새롭게 만들어지는 이야기가 중요하다는 사실을……

아버지가(어머니의 경우도 마찬가지다) 아이를 키울 때 그 자신이 극복할 수 없었으며 여태껏 꼭 극복해봤으면 하고 희망하는 자기 내부의 것들을 아이에게서 발견하려 한다.

아이는 약하니까 아버지의 그런 요구는 더욱 두드러지게 나타나게 마련이다. 그래서 아버지는 아이가 스스로 성장하기를 기다리지 못하고 형성되어가는 도중의 인간을 움켜잡는 것이다.

그렇지 않으면 예컨대 그가 자신의 탁월함으로 여기고 있는 그 무엇, 그렇기 때문에 자신의 가족 안에서 결코 없어서는 안 될 그 무엇이 아이에게 결여되어 있음을 발견하고 그것을 아이에게 두드려 넣기 시작한다. 그런 짓은 아버지 자신에게서는 성공했을지 모르지만 지금 아이에게서는 실패하고 만다.

두드려 넣는 동안 아이를 두드려 부수고 말기 때문이다.

—프란츠 카프카의 일기 『위대한 꿈의 기록』 중

3.이야기의 쓸모

: 아이는 이야기로 배운다.

옛날 옛날에 청개구리가 살았습니다.

청개구리는 엄마 말씀에는 언제나 반대로 행동했어요. "밥 먹어라~" 하면 뛰어나가 놀고, "이제 잘 시간이다~" 하면 "싫어 싫어, 더 놀 거야!"라고 말하고…… 엄마 말을 들은 적이 한 번도 없었대요.

그런데 어느 날, 엄마가 병에 걸려서 곧 죽게 되었어요. 엄마는 청개구리에게 말했어요.

"엄마가 죽거든 양지바른 곳에 묻지 말고, 저 앞 냇가에 묻어주렴."

사실 엄마는 뭐든 반대로 하는 청개구리에게 "햇볕이 잘 드는 흙더미에 묻어주렴" 하고 말하면 냇가에 묻을까 걱정되어 반대로 말한 것이었어요.

엄마는 죽어서 하늘나라로 갔어요.

청개구리는 너무 슬퍼서 이제라도 엄마 말을 잘 들어야겠다 생각했어요.

'엄마가 해가 잘 드는 땅이 아니라 저 앞 냇가에 묻어달라고 했으니까……'

결국 청개구리는 엄마를 냇가에 묻고 말았어요.

비가 오는 날만 되면 청개구리는 큰 소리로 울어요.

"개굴개굴, 엄마 떠내려가면 안 돼요, 개굴개굴."

평소에 엄마 말에 반대로만 행동하던 청개구리는 냇가에 물이 불어 엄마 산소가 떠내려갈까 걱정돼 더 큰 소리로 우는 거예요.

"개굴개굴…… 개굴개굴……"

아이에게 이야기는 놀이인 동시에 배움이다. 아이들은 이야기로 둘러싸인 울타리 안에서 삶에 필요한 모든 것을 배우고 시험한다. 이야기가 삶의 시뮬레이션으로 작동한다는 말이다. 이야기에 대체 어떤 마법 같은 효용이 있기에 정교한 시뮬레이션 소프트웨어가 되어 아이와 인간의 삶에 영향을 끼친단 말인가? 여기서는 바로 그 이야기의 탄생과 쓸모에 대해 말하고자 한다.

이야기하는 인간

인류는 탄생한 이후로 계속 수다쟁이였다. 5만 년 전의 호모 사피엔스 사피엔스를 굳이 떠올리지 않더라도 눈앞에 있는 아이를 보면 당장 확인할 수 있다. 돌이 지난 후 어느 시점부터 말을 흉내 내는가 싶더니, 네다섯 살 무렵부터는 끊임없이 질문과 이야기를 퍼붓는다. 반응이 시원찮다 싶으면 손으로 아빠나 엄마 턱을 아예 자기 쪽으로 돌려놓고 말을 걸기도 한다. 가끔은 운전 중에도 안전벨트를 풀고 앞으로 다가와 턱을 돌려대는 통에 깜짝 놀랄 때도 있다. 맙소사!

인류사 초기, 사람들이 모여 살던 동굴 안은 지금의 스타벅스와 비슷했을 것이다. 와글와글 시끌시끌. 그 와중에 이제 막 다섯 살이 된 '점박이'(이마에 작은 점이 있다)가 소리를 지르며 동굴을 가로질러 뛰어간다. 엄마는 아들에게 뛰지 말라고 말한다. 하지만 모두 아시다시피 말을 들을 리가……

무의미한 잡담과 언어가 넘쳐나던 '와글와글' 시대를 거치며, 현명한 엄마는 하나의 혁신적인 도구를 발명한다. 바로 이야기다. 엄마는 "안 돼!"라는 외침 대신, 비 오는 어느 날 개구쟁이 아들을 무릎에 앉혀놓고 청개구리 이야기를 만들어 들려준다.

"아들아, 왜 청개구리가 비 오는 날 개굴개굴, 더 큰 소리로 우는지 아니?"

인류사와 문화사를 가로지르는 이야기의 놀라운 마법이 시작되는 순간이다.

사실 아이는 "안 돼!"라는 엄마의 말이 이해되지 않는다. 동굴 앞에서 졸고 있는 아저씨 머리에 돌멩이를 던지는 것처럼 재미있는 게 없는데 왜 안 된다는 거지? 게다가 하지 말라는 엄마 말을 왜 들어야 하지? 엄마는 나라면 언제나 껌뻑 죽는데…… 그런데 엄마의 외침이 아닌 청개구리 이야기는 아이마음속에 묘한 파장을 일으킨다. 일단 자리에 앉는다. 나를 닮은 청개구리라니 무척 궁금해진다. 그리고 뭐든 엄마 말을 반대로 하는 결과의 비극을 어렴

풋이 깨닫는다. 그리고 매일은 아니지만 청개구리 울음소리를 들을 때면 생각한다. '저렇게 슬프게 울지 않으려면 어쨌든 엄마 말을 가끔은 들어야겠구나……'

이야기의 첫 번째 쓸모는 단순한 말이나 명령과 달리, 재미와 함께 이해가 쏙쏙 되게 만드는 **놀라운 전달력**에 있다. 분명 아이는 "안 돼!"보다는 "우리 점박이는 청개구리가 아닌데 왜 그럴까?"라는 말에 더 민감히 반응한다. 이야기는 주의를 집중시키고 환기하는 능력이 있다.

다섯 살 아이의 엄마도, 많은 부족원을 통솔하던 족장도, 말이 넘쳐나는 '와글와글' 시대에 동굴 스타벅스에서 자신의 말을 '듣게' 하려면 이야기가 필요하다는 사실을 깨달았다. 이런 마법적 효과는 지금까지 이어져왔다. 정치인들은 선거에서 이기기 위해 전문 스토리텔러들과 '이야기'를 만들어낸다. 물의를 일으킨 연예인들이 복귀 무대로 자신의 '이야기'를 할 수 있는 TV 토크쇼를 선택하는 이유도 마찬가지다. 이야기는 말보다 부드럽고 효율적으로 메시지를 전달할 수 있기 때문이다.

이야기의 두 번째 쓸모는 이야기에 담긴 **엄청난 정보량**에 있다. 그리스의 철학자 헤라클레이토스는 "Panta rhei(만물은 흐른다)"라는 유명한 말을 남겼다. 그는 같은 강물에 두 번 들어갈 수 없다는 예를 들어 변화하는 세계에 대해 말한다. 모든 것은 시간에 따라 흐르고 변한다. 눈앞에 있는 한강은 십 년 전이나 지금이나 여전히 한강이라는 동일성을 지니고 있지만, 늘 새로운 물이 흘러왔으므로 단 한 순간도 같은 한강은 아닌 것이다. 사람도 마찬가지다. 아들딸은 여전히 사랑하는 자식들이다. 하지만 아이는 부쩍 자라 어른이 될 테고, 그 아이가 살던 동굴도 변하며, 아이의 엄마도 늙어간다. 만약 오늘과 내일이 다르게 훌쩍 커가는 아이 눈높이에 맞춰 그때그때 삶과 세상의 의미를 전달하려고 한다면 엄청난 양의 매뉴얼이 필요할 것이다. 게다가 수고한 만큼 결과가 따르리라는 보장도 없다. 그러나 이야기는 다르다.

　　이야기는 씨앗과 같아서,
　　마음밭에 던져두면 어느 순간 쑥쑥 자라 나무나 꽃이 된다.

　　청개구리 이야기를 들은 다섯 살 점박이는 '잘은 모르겠지만 슬프니 일단 엄마 말을 가끔 듣자'라고 생각했을지 모른다. 그러다가 점점 나이를 먹어가며 청개구리 이야기처럼 지금의 엄마와 나도 영원히 함께 살 수는 없음을 깨닫게 된다. 그리고 청개구리가 엄마의 마지막 유언을 지키려고 한 이유와 아무리 울어도 다시는 재회할 수 없는 죽음이 갖는 엄숙함에 대해 생각하는 날이 온다. 슬프지만 삶은 그런 것임을 깨닫게 된다.

　　시간이 흐르고 아이가 크면 이야기도 따라 성장한다.

　　성장 주기에 맞게 자동으로 콘텐츠를 업그레이드해주는 사물인터넷에서나 구현될 법한 시스템이 아닌가!

마지막으로 이야기의 **막강한 보존성**을 꼽을 수 있다. 동굴 안에 살던 초기 인류에게는 유용한 정보를 어떻게 남길 것인가 하는 문제가 큰 고민거리였다. 우리의 아들딸, 손자 손녀가 앞으로 나 없이도 사냥도 잘하고 연애도 잘하려면 노하우를 전달해줘야 하는데 어쩐담? 벽화도 그려보고 돌판에 문자도 써본다. 그런데 아무리 좋은 USB도 잃어버리거나 물에 빠지면 망가지듯, 새로운 동굴로 이주하거나 돌판이 깨지면 그간의 정보는 몽땅 사라지고 만다.

가장 좋은 방식은 최대한 많은 사람들이 정보를 공유하는 형태다. 그리고 정보가 공유되기 위해서는 당연히 콘텐츠에 즐거움이 담겨 있어야 한다. 그 결과 논밭에서 개구리 울음소리가 들리면 사람들은 아이에게 청개구리 이야기를 들려준다. 할아버지는 아버지에게, 아버지는 나에게, 그리고 나는 아들에게…… 그렇게 해서 재미있는 이야기에 담긴 정보가 세대를 가로질러 자연스럽게 공유될 수 있었던 것이다.

이야기를 하는 사람과 듣는 사람은 모두 하나의 거대한 네트워크와 같다. 때로 외로움을 느끼고 따로 떨어진 듯한 느낌이 들 때조차 영화를 보거나 책을 읽는 이유는, 이야기 네트워크 속에서 과거, 현재, 미래의 사람과 어울릴 수 있기 때문이다.

이야기가 있는 한, 외로워할 필요는 없다.
이야기의 일부인 우리는
이야기로 언제나 다시 만나고 있다.

마음의 구조를 닮은 이야기

인지심리학이나 진화심리학에서는 인간의 마음을 컴퓨터로 본다. 이때의 컴퓨터란 물리적인 기계로서의 컴퓨터가 아니라 정보를 처리하는 일련의 연산 시스템, 즉 소프트웨어를 의미한다. 인간은 진화의 과정을 거치며 마음이라는 소프트웨어를 끊임없이 업그레이드해왔다. 다른 동물에 비해 육체적으로는 나약한 인간이 환경에 적응하고 생존하기 위해서는 복잡한 문제도 척척 풀어낼 수 있는 마음의 힘이 필요했기 때문이다.

따라서 우리 모두에게는 진화 과정에서 인간 본성으로 물려받은 기본 소프트웨어로서의 마음이 있다. 이 마음은 새 컴퓨터에 기본적으로 내장된 프로그램들이라고 할 수 있다. 그런데 기본 프로그램만 믿고 아무것도 하지 않는다면 어떻게 될까? 컴퓨터는 금세 쓸모없어질 것이다. 구형 컴퓨터로는 새롭게 던져진 복잡한 문제 해결이 불가능하다. 최신 게임도 즐길 수 없다. 늘 답을 물어봐야 하고 놀거나 쉬는 방법조차 누군가에게 의지해야 한다. 이런 마음을 지닌 인생이 행복할 수는 없을 것이다. 자신은 물론 다른 사람에게도 매력적으로 보일 리 없을 것이다.

요컨대 컴퓨터가 인터넷에 접속해 더 좋은 프로그램을 찾아 업그레이드하고 최신 운영체제를 설치하듯, 우리 역시 그래야 한다.

해답은 간단하다. 이야기다.

언뜻 당장의 효용이 없어 보이는 이야기는 앞서 말했듯 마음이라는 컴퓨터의 성능을 극대화하는 고도로 정교화된 소프트웨어를 닮아 있다. 이야기에 접속만 하면 우리 마음속에는 자동으로 설치파일이 다운로드된다. 그리고 적절한 시점에 파일이 구동되며 마음을 보다 더 견고하고 세련되게 다듬어준다.

그렇게 복잡한 문제를 해결하며 다시 마음은 자라나고, 내가 만든 이야기가 숲을 이루듯 풍성해지는 어느 순간이 오면 나의 이야기는 나의 아들딸, 그리고 수많은 사람들에게 영향을 주며 흘러갈 것이다. 그렇게 인류는 오랜 세월 이야기로 연결되어 삶을 이어왔다.

이제 아이는 걸음마를 하고 말을 배우며 마음이라는 컴퓨터를 갖게 되었다. 그리고 그 컴퓨터는 앞으로 닥쳐올 수많은 난관과 변수라는 극도로 복잡한 데이터를 처리해야 한다. 다시 말하지만 이야기는 그 컴퓨터를 구동하는 최고의 연산 시스템이다.

방금 마음의 전원이 켜진 아이에게 이야기가 필요한 이유는 그 때문이다. 이야기의 진정한 쓸모 역시 바로 그 지점에 있다.

일반적으로 시(이야기)는 사람의 본성에 뿌리박은 두 가지 원인에서 발생한다고 할 수 있다. 첫째, 사람은 어릴 적부터 모방적 행동 성향을 타고난다. 사람은 극히 모방적이며 모방을 통하여 그의 지식의 첫걸음을 내딛는다는 점에서 다른 동물들과 다르다. 둘째, 모든 사람이 모방적 사물에서 즐거움을 얻는다는 것이다.

(……)

사람은 자기의 이해력을 발휘하는 데서 큰 즐거움을 느낀다는 사실로써 이를 설명할 수 있다. 이것은 철학자뿐 아니라 모든 사람에게도 공통된다. 이해력이 제한된 경우라도 마찬가지다.

―아리스토텔레스의 『시학』 중 4장 '시의 기원과 발전'에서

4. 이야기의 역사

: 모두 '다른' 아이를 위한 '좋은 책'은 없다.

12, 13세기의 〈성모자상〉이나 성화를 보면 이따금 이상한 점을 발견할 때가 있다. 아기 예수가 도통 '아기' 같아 보이지 않는다는 점이다. 얼굴 생김새나 신체 비율은 어른과 같고 다만 몸집만 작다. 당시 화가들은 왜 그렇게 그렸을까? 뜸들이지 않고 답을 이야기하자면, 실제로 '어른처럼 보였기 때문'이다. 농담이냐고 물으신다면 "진지한 궁서체입니다"라고 답할 수밖에……

지금 우리는 '어린아이'를 순수하고, 어른의 보호가 필요하고, 적절한 눈높이 교육이 필요한 존재로 여긴다. 특히 성장 단계로서의 어린이, 즉 아동기가 아주 당연하게 생각된다. 하지만 근대가 시작되기 전만 해도 어린아이란 기저귀를 뗀 이후로는 어른과 다를 바 없지만 힘과 사고능력이 열등한 존재로 인식된 경우가 많았다. 그런 인식이 실제 시각에도 반영되어 아이가 어른처럼 보이는 회화들이 등장하게 된 것이다.

아이 전용 책의 역사

아이들을 위한 책은 17세기에 주로 출현했는데(불과 17세기!), 그 무렵의 책들 중 하나를 꼽아보자면 제목이 다음과 같다. 『어린이를 위한 선물: 회개, 그리고 여러 어린이의 성스럽고 모범적인 삶, 기쁨에 찬 죽음에 관한 정확한 기록』. 이 책은 영국의 청교도들이 아이들에게 '종교적 믿음 생활'을 알려주고자 아이 눈높이에 맞춰 출간한 책이었다. 아이를 위한 초기의 책들은 이처럼 주로 '교육'이나 '설교'의 성격을 띠고 있었다. 그림책이나 동화처럼 '재미'가 아닌, 일방적인 사회화에 방점이 찍혀 있었던 것이다. 이러한 형편은 우리나라도 크게 다르지 않아서, 조선시대 아이들을 위한 책들인『동몽선습』,『사자소학』,『격몽요결』 등은 대개 예의범절, 유교와 도교적 윤리를 가르치는 교육용 서적이었다.

　그렇다면 어린아이를 위한 이야기로 잘 알려진『이솝 우화』는 뭘까?『이솝 우화』도 동화라기보다는 민담에 가까운 것들이었다. 게다가 아이들이 좋아할 법한 동물에 빗댄 이야기들은 허무맹랑하고 해악을 끼치는 이야기로 인식되어 줄곧 비난과 감시의 눈길을 받아야만 했다. 이런 관점에서 보자면 적어도 본격적인 어린이 출판물이 등장하기 시작한 19세기 이전의 동화들이 잔혹한 이유에 대한 의문은 풀리는 셈이다. 그 동화들이 애초에 아이들을 위한 이야기가 아니라 구전되는 어른들의 민담이었다는 점, 또 그 이야기를 아이에게 들려준다 하더라도 아이에 대한 관점이 지금과 달랐다(아이=작은 어른)는 점이 바로 그 이유이다.

　현재를 사는 우리 입장에서 보면 아동기가 없었다든지 아이가 어른처럼 보였을지 모른다는 견해는 확실히 이상하게 들린다. 아이는 딱 봐도 아이지 설마 그렇게 보였을까? 하지만 앞서 말했듯, 불과 일이백 년 전의 상황만 봐도 아이는 일방적으로 교육되고 훈육되어야 할 대상에 그칠 때가 많았다. 그것은 관점의 옳고 그름을 떠나, 특정한 시대와 사회에 젖어 살고 있는 인간 인식의 한계를 보여준다. 또 우리가 지금 진리요 당연하다고 생각하는 것들이 실제로도, 그리고 훗날에도 과연 그럴까?라는 의문으로 이어진다.

예컨대 아이에 대한 일반화되고 평균화된 생각들, 아이는 순수하지만 지각과 감정 조절 능력이 떨어진다거나 백지와 같이 순수하다는 유의 관점은 맞는 것일까? 더 나아가 그런 아이들에게 유익한 책은 무엇일까? 교과서? 연령별 동화? 스토리텔링 수학? 그럼 좋은 책과 나쁜 책은 존재한다는 것일까? 그 구분은 또 누가 해야 하나? 출판업자? 문학박사? 아동학자?

머리 아프게 불가지론을 설파하겠다는 것은 아니다. 문제에 대한 해답은 이미 나왔는지 모른다. 플라톤은 『국가론』에서 어린이 교육은 놀이여야 한다고 말했으며, 영국의 철학자 존 로크 역시 아이들이 즐기면서 책의 재미를 느낄 수 있어야 한다고 했다. 그럼 "무조건 재미있으면 그만인가?"라고 묻는다면, "그렇다! 재미있어야 한다!"가 첫 번째 대답이라고 할 수 있다. 그럼 "나쁜 책도 재미있으면 그만인가?"라고 묻는다면?

모두 '다른' 아이를 위한 '좋은 책'이라는 신화

책이나 이야기의 목적은 지식 습득에도 있지만, 책을 처음 접한 아이에게 그것은 부수적 효과에 불과하다. 그리고 단언컨대 모두에게 좋은 책이란 드물다. 그것은 신화다. 어른들이 제각각이듯, 아이들 역시 모두 다르기 때문이다. 관심사도, 취향도, 성격도, 발달 정도도 다르다.

어떤 아이는 잠시도 가만히 있지 못하고 행동이 앞선다. 그런 아이들은 경험의 외연을 넓히는 방식으로 세상을 이해하려 한다. 또 어떤 아이는 예민한 성격을 타고나서 작은 자극도 풍부한 정서적 경험으로 해석해낸다. 그런 아이에게 '아이답지 않다'며 강제로 새로운 경험을 주입하는 건 바람직하지 않다.

책 역시 마찬가지다. 공룡을 좋아하는 아이는 늘 공룡 그림책만 읽어달라고 한다. 엄마 아빠 입장에서는 난감할 수 있다. '다른 책도 좀 읽었으면 좋겠는데……' 하지만 아이에게 책에 대한 취향이 싹틀 때부터는 부모의 관점을 강요해서는 곤란하다. "그 책은 안 돼!"라는 쉬운 관심의 표현 대신, 그 책이 왜 좋은지, 어떤 점이 재미있는지 아이와 대화를 나누어야 한다.

다시 말하지만 이제 막 책을 만난 아이에게 중요한 것은 지식이나 정보가 아니다. 책의 즐거움, 자신의 취향이 존중받는 경험, 새로운 공룡에 대해 더 잘 알게 되면서 시나브로 느끼는 배움의 유용함이다. 존 로크를 비롯한 수많은 학자들이 아이들의 교육에서 '즐거움'과 '재미', '놀이'를 강조한 이유는 그 때문이다.

다른 아이들은 매를 맞아가면서 배우는 것을 스스로 즐기면서 배우게 하라. 아이에게는 절대로 일이나 심각한 의무를 부과하면 안 된다. 왜냐하면 아이의 몸과 마음이 그런 것을 견뎌내지 못하기 때문이다. 그것은 그들의 건강도 해친다. 자기를 구속하는 모든 것들에 대한 반감이 강한 나이에 책에 억지로 묶여 있었기 때문에, 많은 사람들은 그 후 일생 동안 책과 배우는 것을 싫어하게 되는 것이라고 생각한다. 그것은 지워버릴 수 없는 혐오의 감정을 뒤에 남기는 과식과 같은 것이다.

—존 로크의 『교육론』 중

'정서적인 앎'이야말로 진짜 배움이 된다. 책에 친근감을 느끼고 앎에 대해 긍정적인 사고회로를 갖게 된 아이는 이후에도 결코 배움을 쉬지 않을 것이기 때문이다. 호기심을 지니고 세상을 탐구할 수 있는 자신감을 얻게 되기 때문이다.

생각할 수 있는 힘을 가진 아이들이
만들어갈 세상

이야기의 진짜 목적은, 말썽으로 점철된 세상이 주는 복잡다단한 데이터를 자신의 컴퓨터에 입력해서 훌륭한 답안으로 출력하는 소프트웨어를 만드는 데 있다. 소프트웨어를 업그레이드하는 데 필요한 것은 개별 케이스로서의 좋은 이야기, 나쁜 이야기의 구분이 아니다. 그런 것들은 책의 역사에서 보았듯 가까운 미래에 얼마든지 뒤바뀔 수 있는 구분 체계일 수 있다. 핵심은 시간과 시대를 아우르며 지속적으로 활용할 수 있는 시스템, 즉 '무엇이 좋고 나쁨인지' 스스로 판단하고 생각하는 힘을 기르는 데 있다.

따라서 좋은 책, 나쁜 책, 좋은 매체, 나쁜 매체를 굳이 찾아다니며 판단하지 말자. 부모 세대가 살아온 시대와 환경 속에서 만들어진 '진리'는 부모 세대의 '진리'요 '진실'일 때가 많음을 잊지 말자. 그 노력 대신에 아이가 재미를 느끼는 과정 자체에 관심을 두자. 아이는 자신을 사랑하는 부모가 만들어준 사고의 울타리 안에서 마음껏 상상력을 펴고, 자신의 주장을 내세우고, 때론 부드러운 좌절을 겪으며 성장하게 될 것이다. 그리고 그렇게 성장한 아이는 시대와 정치 논리, 편협한 이데올로기로부터 한 걸음 떨어져 세상을 통찰하는, 이 세상의 멋진 구원자가 될 수 있을 것이다. 이런 의미에서 아이야말로 이 어둠으로 저물어가는 세상의 빛이요, 구원자다.

아이야, 무럭무럭 자라나
이 혼란스러운 세상에서 엄마 아빠를 구원해주렴!

그러니 밤에 들려주는 동화나 엄마 아빠가 만든 이야기의 교훈을 묻기보다는, 아무런 기대 없이 아이의 생각을 물어보자! 언젠가 깜짝 놀랄 대답을 들려줄 날이 올 것이다. 그리고 엄마 아빠의 권위로 그 답을 함부로 재단하지 말고 대등한 입장에서 대화를 하자.

결국 지금의 아이들이 세상을 끌어갈 것이기 때문이며, 그런 아이들이 자라난 세상은 지금의 엄마 아빠가 사는 세상보다 분명 더 나을 것이기 때문이다.

나는 부모이니까 자유자재한 권리가 있는 듯이 철면피로 지나면서 자녀를 훈계한다. 다시 생각하자. 부모의 잘못도 사람으로서의 잘못이다. 자녀의 잘못도 사람으로서의 잘못이다. 사람으로서의 잘못하기는 마찬가지다.

(……)

오직 부모의 잘못은 함부로 말할 이가 없는 것뿐이다…… 그 잘못을 재판하는 정의감이 그 자녀에게 있는 줄을 알아야 한다. 그러므로 그 자녀가 입으로는 재판을 못하여도 마음으로는 재판을 하고 있는 경우가 많은 것이다…… 부모가 자녀를 지도할 때에 먼저 자기를 반성하는 정성이 없으면 자녀에게 감화를 줄 수 없고 감화력이 없는 부모는 힘 있는 교육을 시킬 수 없다.

─이만규 선생의 『가정독본』(1941) 중

5.이야기와 윤리
: 착한 아이는 어떻게 만들어지나?

착한 아이와 착해빠진 아이의 딜레마

전에 국내 대형 완구회사 회장님을 만난 적이 있다. 그 회사는 아이들에게 인기 있는 로봇 애니메이션을 만들고 있었는데, 그분이 불쑥 이런 말을 건넸다.

"아이들 애니메이션을 보면 대개 로봇이 착한 편, 나쁜 편 나뉘어서 막 싸워요. 우리는 로봇이 아이와 함께 나비를 잡거나 아이스크림을 사러 다닙니다. 아이들한테 중요한 건 선악을 어떻게 편 갈라 싸우느냐의 문제가 아니거든......"

아이를 키우며 우리 아이만큼은 '착하다'고 믿고, 또 한편으로 '착한 아이'가 되도록 '착한 이야기'를 골라 들려줘야 한다고 믿는다. 그런데 만약 누군가 아주 진지하게 "그래서 '착하다' 혹은 '선하다'라는 게 무엇인가요?"라고 물으면 말문이 막히게 된다.

어떤 부모에게는 '착하다'는 것이 실제로는 아직 생각의 힘이 덜 자란 상태의 순수함을 의미하는 것일 수 있다. 또 다른 이에게는 엄마 아빠 말씀을 잘 듣는 것일 수 있으며, 또는 "남을 때리지 마라", "어려운 사람을 도와줘라"와 같은 몇 가지 교훈적 지침의 의미일 수 있다. 하지만 그게 '선함'이 될 수 있을까? 정말 그러한가? 당장 아이가 맞고 들어왔다면 "너도 때렸어야지!"라고 하는데도? 아이들에게 "착한 아이가 돼라"라고 말하면서 정작 엄마 아빠는 '착하다'는 의미를 잘 모른다. 그런데 아이들은 부모의 막연한 요구에도 혼자 있는 시간에 그 말을 천천히 곱씹으며 지낸다. '착하다'는 말에 일관성이 없게 되면 아이들이 혼란을 느끼게 되는 건 당연하다.

그렇다면 부모가 그 '착하다'는 개념을 제대로 알고 있어야 하는데…… 이것 참 큰일이다. 엄마 아빠가 세상에서 마주한 '정의'나 '착함'이란 게 말처럼 간단하지가 않기 때문이다. 악은 '악'이라고 이름표를 달고 있지 않다. 대개의 '선'과 '악'은 순두부처럼 두부도 아니고 물도 아닌 상태에 머물러 있다. 마찬가지로 우리는 아이가 착하길 바라지만 또 마냥 '착해빠져서' 손해 보는 것을 원하지도 않는다. 엄마 아빠는 고민에 빠진다. 진정한 '착함'이란 무엇일까? 또 아이에게 도덕성을 어떻게 가르쳐야 할까?

'착함'에 대해 생각해보기

착함과 나쁨, 선과 악, 정의와 부도덕의 문제는 철학의 오랜 탐구 과제였다. 그 가운데 철학자 칸트는 우리에게 설득력 있는 도덕론을 사례를 들어 이야기한다.

"만약 어떤 사람이 매달 백만 원씩 기부한다면 그것은 선인가요?"

우리는 기부를 착한 행동이라고 생각한다. 하지만 예상했듯이 칸트는 아니라고 말한다. 그럼 어떤 상황에서 착한 일이 될 수 있을까?

> "기부자가 전과 달리 기부를 할 형편이 안 되거나 의욕이 사라졌는데도 '의무적으로' 백만 원씩 기부할 때, 그 행위는 비로소 선이 될 자격을 갖춥니다."

칸트의 『도덕형이상학을 위한 기초 놓기』(혹은 『도덕형이상학 정초』)에 등장하는 이 이야기는 '의무론자'라는 말을 탄생시키는 한편, 그의 도덕론이 현실에서는 절대 적용될 수 없다는 비판을 불러일으킨다.

'내가 당장 돈 한 푼이 아쉽거나 기부할 열정이 싹 사라졌는데도 전과 마찬가지로 기부를 해야 선이 된다니, 말도 안 된다. 현실에서 누가 이런 선행을 베풀 수 있겠는가?'

하지만 칸트는 낭만적이거나 이상적인 도덕론을 설파하려는 의도가 아니었다. 그가 진짜 하려는 말이 무엇인지 잠시만 귀를 기울여보자.

착한 '행동'은 '착함'과 관계없다?

칸트는 착한 '행동'이 곧 도덕적이라고 생각하지 않았고, 심지어 아예 관계가 없다고 생각했다. 언뜻 이상한 말처럼 들린다. 하지만 과연 그럴까?

신문이나 방송을 보면 유명인이 기부를 하고 불우이웃을 돕기 위해 연탄을 나르는 미담이 나오곤 한다. 그런데 우리는 이런 의심을 할 때가 있다.

'저 사람 이번에 국회의원 출마하려고 그러는 것 아닐까?'
'음주운전으로 한동안 안보이더니, 빨리 무대에 복귀하고 싶어 저러는구나.'

이처럼 우리는 선행의 동기를 의심하는 데 익숙하다.
한편 선행을 한 당사자에게 물으면 이렇게 대답할 것이다.

"나는 진심입니다. 어떤 이득을 바라고 하는 게 아니에요!"

이 대답을 곧이곧대로 믿을 수 있을까? 우리의 마음이 꼬여 있는 게 아니다. 억울하게 '진심'을 호소하는 사람에게는 미안한 이야기지만, 다른 사람은 둘째 치고 우리는 자기 스스로를 속이는 데 익숙하다는 점을 생각해야 한다.

인간은 자기기만에 천재적이다. 내가 내세우는 '진심'은 나조차도 모를 때가 많다. '행위'가 곧 엄밀한 철학적 의미로서 '착함'이 될 수 없다고 칸트가 지적한 이유는 이 때문이다. 지금은 진심이라지만 언젠가는 저런 '선행'이 자신의 경력을 위한 것, 혹은 위기의 순간에 돌파구를 만들기 위한 것일지 누가 알겠는가! 그 사람은 자기 위안의 목적으로, 혹은 그냥 그렇게 하는 편이 마음에 편해서일 수도 있는데 말이다.

칸트는 이처럼 자연스러운 마음의 끌림에 이끌려 하는 행동을 '경향성'이라고 불렀다. 그 경향성의 끝에는 언제나 본인의 이기심이나 욕심이 모습을 감추고 은밀하게 붙어 있을 수 있다. 경향성을 '선'으로 그냥 용인해버린다면, 기부나 선행이라는 이름으로 약자를 도리어 이용하는 사람들은 늘어날 것이고, 생각만큼 도덕적인 사회가 되지도 않을 것이다.

결국 '선행'이나 '기부'는 결과적으로는 누군가에게 도움이 될 수 있지만, '선', '착함'의 본질과는 별 관계가 없다는 것이 칸트의 생각이었다.

'착함'의 판별 기준

도덕이 행위나 결과와 상관없다면, 그 판별 기준은 무엇이 될 수 있을까?

'착함'에 대해 이야기할 때, 우리에게 익숙한 사고방식은 공리주의일 때가 많다. 공리주의는 자기기만적이냐 아니냐에는 별 관심이 없다. 구세군 냄비에 돈을 넣어서 어려운 누군가 도움을 받았다면 그걸 '선'으로 본다. 돈을 넣는 행동과 그로 인한 결과만 보면 되니까 편리하고 명쾌하다. 게다가 공리주의는 '최대 다수의 최대 행복'이라는 말에서 알 수 있듯 '행복'을 추구한다.

사람은 누구나 고통을 피하고 행복을 추구하려는 본성을 갖고 있다. 공리주의는 사람에게 자연스러운 '경향성'을 적극적으로 인정해준다. 게다가 소수와 다수의 이익이 부딪칠 때 계산기를 두드려서 누구의 행복이 더 큰지를 따져본다. 그리고 최대 다수를 만족시키거나 총량이 더 큰 행복을 인정함으로써 민주적이고 과학적인 '착함'의 판별 기준을 제시한다.

그런데 행복과 결과만 중시하는 공리주의를 도덕적 기준으로 삼는 것은 불편하다. 앞서 칸트의 생각처럼, 사람들은 행동이나 결과만을 놓고 도덕성을 판단하지 않는다. 연말에 복지시설을 방문해서 위문품 앞에서 사진을 찍고 사라지는 정치인들의 행동을 도덕적이거나 착하다고 생각하는 사람은 많지 않다. 그리고 행복의 총량이든 다수의 행복이든 이를 비교하기 위해서는 정교한 계산기가 필요한데, 행복과 고통은 마음의 문제라서 측정이 어렵다. 또한 다수의 행복이나 결정은 착한 것과는 관계가 없다.

예컨대 다수의 사람이 '특정 장르의 음악은 시끄럽기만 하다'라는 편견을 갖고 있다면, 그런 음악을 금지하고 가수들을 추방하는 게 도덕적일 수 있다. 그런데 약간의 만족감을 얻는 다수를 위해 소수가 엄청난 고통을 감내해야 하는 사회를 도덕적이라고 할 수 있을까?

공리주의는 '공공복지시설을 어디에 먼저 세우느냐'처럼 효율적 자원 배분에는 나름의 판별 기준을 제시하지만, 도덕적 문제는 그렇지 못하다.

그래서 칸트는 공리주의와는 정반대의 입장에서 '착함'과 '선'에 대한 판별 기준을 파고든다. 즉 행복 대신 '고통'에 주목한 것이다. 앞서 사람은 고통을 피하고 행복을 추구하는 '경향성'을 갖는다고 했는데, 그렇다면 내가 하는 행동이 자기기만적이냐 아니냐를 판별하는 기준도 '행복'이 아니라 '고통'이 될 때 설득력을 지닌다는 것이다.

앞선 예에서 기부자가 마음에 끌려 매달 백만 원씩 기부하는 것은 별다른 고통이 되지 못한다. 그건 그냥 경향성에 따른 행동일 수 있다. 그러나 본인이 가난해졌거나 기부할 마음이 싹 사라졌는데도 마치 빚을 갚듯이, 의무적으로 백만 원을 기부하는 행위는 엄청난 고통으로 다가올 것이다.

그 지점에서 기부를 포기하고 행복을 추구하고자 하는 경향성과 기부해야만 한다는 의무의 싸움이 시작된다. 칸트는 마음속에 이러한 갈등이 있을 때만이 '도덕', '착함', '정의'가 발생할 수 있다고 봤다.

나도 나를 속이는 데 익숙한 인간. 그런 자기기만을 판별할 수 있는 유일한 잣대는 '행복'이 아니라 '고통'이며, 나의 '진심'은 오로지 '고통'으로만 증명할 수 있다는 게 칸트의 생각이었다.

악인은 상상하지 못하는 사람

그러나 칸트가 진짜 하고 싶었던 이야기는 바로 그 뒤에 숨겨져 있다. 모든 행동에 무조건 고통만 있으면 '선'인가? 당연히 아니다. 그렇기에, 착한 일을 경향성과 맞서면서 의무적으로 행하기에 앞서(즉 정언명법을 따르기에 앞서), 칸트는 이게 진짜 착한 것인지를 알아보는, 보편적인 도덕으로 가능한지를 따져보는 테스트가 필요하다고 생각했다.

이를테면 내가 행하려는 착한 일이 과연 어떤 결과를 가져올지 '상상'해보라는 것이다. 이 세상 사람들이 모두 지금 내가 하려는 행동을 한다면 세상이 어찌될지 '상상'해보라는 것이다. 또한 내가 타인을 수단으로만 사용하려는 게 아닌지 '상상'해보라는 것이다.

모두가 거짓말을 하거나 도둑질을 한다면? 내가 사회에 더 보탬이 되니까 별 볼 일 없는 사람의 구명조끼를 차지하는 게 당연하다고 생각한다면? 음악이 마음에 좀 언짢다고 가수들을 추방하거나 음악 자체를 금지한다면, 세상은 어떻게 될 것인가?

칸트는 도덕에서 중요한 것은 '고통'이며, 그 고통이 가치 있는 결론에 도달하기 위해서는 '상상'이 필요하다고 말한다. 그리고 그 '상상'은 타인을 수단으로만 사용하지 않고 목적으로 대하는 '공감'적인 바탕이 있어야 한다고 주장하는 것이다.

'공감적 상상력' 없이는 세상과 사람들의 관계가 유지될 수 없음을 칸트는 이미 알고 있었다. 따라서 아마도 그에게 '악인'을 정의하라고 했다면 '상상하지 않는 사람'이라고 말하지 않았을까?

착한 아이, 착한 사람은 공감적 상상력을 지니고 있다.

제러미 리프킨은 『공감의 시대』에서 다양한 사례들을 발굴해 '공감'이라는 기능에 대해 설명한다. 그에 따르면 1990년대 중반 학자들의 연구로 이른바 거울신경세포, 공감뉴런이 발견되었다. 연구가 지속되면서 공감뉴런은 인간뿐 아니라, 사회적 관계를 형성하고 있는 동물들에게도 존재한다는 것이 증명됐다.

심지어 쥐의 경우에도, 먹이를 먹기 위해 손잡이를 당길 때마다 반대편 동료가 전기충격을 받게 되자 그 행위를 멈췄다. 원숭이는 동료에게 고통을 주느니 차라리 굶어 죽기로 작정했다. 사회적 관계망을 지닌 동물들은 이처럼 공감뉴런을 통해 상상력을 발휘한다. 그리고 당장의 배고픔, 즉 경향성보다 상대의 고통을 이해하고 공감하는 선택을 취한다.

그런데 아쉽게도 요즘은 동물보다 공감능력이 떨어지는 사람들을 종종 발견하게 된다.

회사나 사회에서 마주치는 '평범한 악인'의 특징을 떠올려보자. 그들은 아주 멀쩡해 보이지만, 자신의 이익을 위해서는 타인이 피해를 입고 모멸감을 느끼는 행위를 거리낌 없이 한다. 말로는 아니라고 하지만 부끄러움도 느끼지 않고 양심의 가책도 (번듯한 말과는 달리) 크게 느끼지 않는다. 염치없는 이 시대의 지배자들처럼 보이는, 이른바 '소시오패스'라고 부르는 부류의 사람들이다.

이들의 어린 시절에 정서적 결핍이 있으리라는 추측에는 의심의 여지가 없다. 왜냐하면 공감뉴런을 타고난 존재라고 해도, 제대로 된 양육 과정과 상호 자극이 없으면 그 기능은 제대로 발달하지 않기 때문이다. 실제 미국의 아동 정신과 의사들은 초기 엄마 아빠와의 정서적 교감이 없었던 아이들에게서 반사회적 인격장애를 발견했다. 그 아이들은 겉으로는 친절한 표정을 지었으나 깊이 있는 인간관계에 서툴렀고 불안해했으며, 거짓말과 절도행위를 거리낌 없이 했다. 그리고 그 성향은 성인이 되어서도 변하지 않았다.

공감뉴런은 엄마 아빠의 다정한 몸짓과 이야기로 아이에게 자극을 줄 때 비로소 정교한 회로로 성장한다. 인간은 고도로 사회화된 동물이다. 인간관계는 '나'라는 개인의 삶의 일부가 된다.

그리고 훌륭한 공감회로를 지닌 아이는 성인이 되어서도 무턱대고 '착한 일'이라고 믿고 행동하는 실수를 저지르지는 않을 것이다. 자기기만적인 생각의 함정에 빠져 허우적대지도 않을 것이다. 이게 정말 '착한 일'인지 자기 마음에서 일어나는 갈등을 투명하게 들여다보고, 고통이 있음에도 기꺼이 양심적인 선택을 하기 위해 노력할 것이다.

그리고 사람들의 마음과 눈빛을 읽고, 그들을 목적으로 대하며, 공감할 수 있는 좋은 사람이 될 것이다. 친구들과 연인에게 한 인간으로서 사랑받는 존재가 될 것이다. 그런 게 좋은 삶, 행복한 인생이 아닐까?

이야기로 공감적 상상력 기르기

모든 부모는 내 아이를 착한 사람으로 키우고 싶다. 그런데 아이에게 그 개념을 어떻게 알려줘야 할까? 칸트와 공리주의, 경향성과 의무의 싸움, 고통 등에 대해 말해줘도 이해하기 어려울 테니 큰일이다. 설사 이해한다 해도 아이가 유치원이나 초등학교에서 "칸트가 말하기를……"이라고 하면, 선생님들은 당황해서 엄마 아빠에게 전화를 걸지도 모른다. "선행학습이 과한 것 같아요"라면서.

그렇다면 어떤 방식을 취해야 할까? 우리에게는 이야기가 있다. 아이들이 좋아하는 이야기를 활용한다면 도덕적 교육 문제는 의외로 쉽게 해결될 수 있다.

먹는 걸 좋아하는 첫째 돼지가 대충 지푸라기로 집을 짓고, 낙천적인 둘째 돼지가 나무판자로 집을 지었다. 두 형은 벽돌로 열심히 집을 짓는 막내 돼지를 보며 놀려댔다. 그때 엄마 아빠가 아이에게 묻는다.

"첫째랑 둘째 형이 막내를 놀렸을 때 막내는 기분이 어땠을까?"

그러다 상황이 역전되어 첫째와 둘째는 늑대를 피해 막내 돼지 집으로 달려온다. 그러면 엄마 아빠는 다시 묻는다.

"막내 돼지는 형들이 놀려서 기분이 나빴을 텐데 문을 열어줬네. 왜 그랬을까?"

그냥 "누군가를 놀리면 안 된다!"라는 행동의 지침 대신, 잠시 놀림을 당하는 입장에 서보는 상상 훈련. "아까 나 놀렸었지? 그럼 한번 당해봐라!"라는 마음을 내려놓고, 늑대가 우리 집을 부수거나 나를 대신 잡아먹을 수 있음에도 문을 열어주는 공감 훈련.

결국 도덕적 상상력을 키우는 것은 앞서 말한 놀이로서의 이야기, 또 대화로서의 이야기이다. 그 역할극에 아이가 참여함으로써, 대화를 통해 그 입장을 깊이 상상하게 됨으로써 아이는 성숙한 공감 본능을 키우게 된다.

그것은 로봇이 선과 악을 갈라 싸우는, 엉망진창인 이 시대의 사회풍조와 비슷해 보이는 낮은 차원의 이분법적 도덕론이 아니다. 저 친구에게 무엇이 필요한지를 상상하고, 함께 나비를 잡으러 다니거나 아이스크림을 나눠 먹는 공감의 도덕론이다. 이는 칸트의 생각처럼 성인이 되어서까지 이어지는 도덕성의 튼튼한 지지기반이 될 것이 분명하다.

그러니 아이에게 선과 악을 나누어 가르치기에 앞서, 공감할 수 있는 따뜻한 어조로 대화하자. 놀이로 이야기를 경험하고 상상하게 하자.

아이 역시 자라면서 '이건 백 퍼센트 옳은 거야! 내 행동은 착한 일이었어'라며 자신의 행위에 정당성을 부여하고 싶을 때가 올지 모른다. 혹은 나와 생각이 다른 상대를 '악'으로 규정하고 미워하고 싶은 순간도 있을 것이다.

그때, 마음속에 심어진 공감의 도덕론이 빛을 내기 시작할 것이다. 처음에는 강렬하지 않지만 점차 선명하게, 그리고 부드럽게 마음을 적시게 될 것이다. 그렇게 자기 마음의 갈등, 그 속에서 피어난 고통을 들여다보며 상상하고 공감할 것이다. 화해하고 용서하며 아픔을 보듬을 수 있는 사람으로 성장할 것이다. 칸트의 말처럼 밤하늘의 별처럼 빛나는 자신의 도덕률을 품고 사는 '사람'이 될 것이다.

> 그에 대해서 자주 그리고 계속 숙고하면 할수록, 점점 더 새롭고
> 점점 더 큰 경탄과 외경으로 마음을 채우는 두 가지 것이 있다.
> 그것은 내 위의 별이 빛나는 하늘과 내 안의 도덕법칙이다.
>
> ─칸트의 묘비명(『실천이성비판』중)

6. 이야기와 미디어

: 아이가 스마트폰을 봐도 되는 이유

스마트폰의 피해자는 아이가 아닌 부모다.

스마트폰으로 인한 가장 큰 피해자는 **아이가 아니라 부모**다. 엄마 아빠는 스마트폰과 TV를 보여주며 끊임없는 죄책감에 시달리기 때문이다. 징징대는 아이의 요구와 피로감에 어쩔 수 없이 스마트폰을 꺼내면서 되뇐다.

'아, 또 무너졌어⋯⋯ 나는 아이를 훌륭하게 키울 자격이 있는 부모일까?'

아동학이 아니라 문학과 문화를 공부한, 그리고―더 신뢰를 떨어뜨리는 고백일 수 있지만―TV 산업 한복판에 종사하는 나에게 답변을 할 자격이 주어진다면 이렇게 대답하고 싶다.

"물론이죠! 아이가 책을 읽지 않아도 괜찮고, 스마트폰이나 TV를 봐도 괜찮습니다."

이 정도 대답으로는 미덥지 않다면, "제 아이도 그렇게 키우고 있습니다"라는 말을 덧붙이고 싶다.

"설마? 그럴 리가 있나요? 스마트폰이나 TV는 자극이 심하고 일방적인 메시지를 전달하고 있어서 아이들 두뇌가 덜 발달한다는

'과. 학. 적. 인.' 결과와 '전. 문. 가.'들의 연구가 매일같이 기사로 나
오는데요?"

이러한 건강하고도 비판적 사고를 독자 여러분이 지니고 있다면, 이제 글
을 읽을 준비가 된 것이다.

이야기는 '책'이 아니다.

'오즈의 마법사' 이야기를 알고 계시는지?

내가 기억하는 '오즈의 마법사'는 동화 속 공주처럼 예쁜 주디 갈런드 주연
의 흑백영화다. 다소 어설픈 분장의 양철 나무꾼이 기억나고, "Somewhere
over the rainbow~"로 시작되는 명곡은 이야기와 한 몸처럼 기억된다.

그런데 14편에 이르는 연작으로 출간된 『오즈의 마법사』를 읽은 기억은 없
다. 이런 경험은 사실 흔한 편이다. 『인어공주』나 『백설공주』를 디즈니 버전
으로 기억하는 사람도 많을 것이고, 『피터 팬』을 연극이나 뮤지컬로 떠올리는
이도 있을 것이다.

그럼에도 불구하고 우리는 그게 어떤 이야기인지 알고 있다. 도로시가 왜
오즈의 마법사를 찾아가는지, 사자와 허수아비와 양철 나무꾼의 고민이 무엇

인지 알고 있다. 그 이유는 책으로 읽은 사람이나 영화로 본 사람이나 매체가 다를 뿐 이야기를 공유하고 있기 때문이다. 바로 이 지점!

이야기하는 인간 Homo Fictus 에게 중요한 것은 이야기이고,
매체는 그다음이다.

그런데 우리는 책에 너무 익숙해진 나머지 '이야기=책'이라는 공식을 자연스레 떠올린다. 놀랍게도 그 둘은 결코 같은 것이 아니다. 러시아 형식주의자들이 서사를 내용과 형식으로 구분했듯, 미국의 유명한 서사학자 시모어 채트먼은 이야기를 스토리와 담론으로 나눈다. 우리가 뭉뚱그려서 알고 있던 이야기가 사실은 스토리와 매체의 두 가지 요소로 조합돼 있다는 뜻이다.

쉽게 비유하자면, 레스토랑에서 무심코 "스테이크 주세요~"라고 하는데 실제로 나오는 건 스테이크와 스테이크를 담는 그릇이다. 어떤 곳은 철판 위에, 어떤 곳은 따뜻한 접시에 예쁘게 플레이팅을 해주는데, 우리가 먹는 것이 스테이크라는 본질은 변하지 않는다. 이처럼 이야기 역시 '이야기의 내용'(스테이크)과 이를 담는 '그릇', '플레이팅 방식'(미디어)이 구분된다는 뜻이다.

채트먼의 (당연해 보이는) 구분은 실제로 전혀 다른 매체를 접했는데 어떻게 동일한 스토리를 공유하고 있는지, 또 하나의 스토리가 어떻게 영화나 드라마, 연극 등으로 다양하게 표현될 수 있는지를 논리적으로 설명해준다.

무엇보다 아이와 사람에게 이야기가 필요하다는 대전제에서, '그릇을 먼저 고민하는 방식은 그 우선 순위가 잘못된 게 아닐까……' 라는 통찰을 전해 준다.

그럼에도 우리가 독서와 책이라는 '그릇'에 매달리는 이유

어린 시절부터 귀에 못이 박히게 "책 읽어라, 독서는 마음의 양식이다" 라는 말을 들어왔다. 나는 이 말을 들을 때마다 경양식을 떠올렸다. 덧붙여 "TV 보지 마라", "컴퓨터 하지 마라" 이런 말도. 그런데 요즘 학생들이 공부 하는 방식은 어떠한가? 어린이집 부교재는 말할 것도 없고, 초등학교 때에는 디지털 교과서를 당연하게 받아들이고, 미래의 언어라는 코딩 교육까지 받고 있다. 중고등학생이 태블릿 PC나 스마트폰으로 인강(인터넷 강의)을 보고 있 다고 혼낼 부모는 없을 것이다.

이처럼 우리는 '매체 중심의 사고'가 아니라, 냉정하고 합리적으로 '내용 중 심의 사고'를 하고 있다. 또한 아이들이 시대에 뒤떨어지지 않고 삶의 배경이 되는 IT 환경에 적응할 수 있어야 한다고 믿는다. 그런데 왜 아이들에게 책은 좋은 것, 스마트폰은 나쁜 것이라는 주장을 당연한 듯 심어주게 되는 걸까?

사실 스마트폰과 TV가 해로운 수만 가지 이유는 너무도 잘 알고 있으니,

잠시만 이런 짓궂은 상상을 해보자.

지금 우리가 사는 세상과 똑같은 세상이 있는데, 비디오 게임이 먼저 발명되어 주류로 자리 잡고 뒤늦게 활자가 가득한 책이 나타났다. 그리고 모든 아이들이 독서 열풍에 휩싸여 게임은 내팽개치고 독서만 하고 있다. 학부모와 교사, 교육 전문가들은 과연 무어라 말할 것인가?

영상과 음향효과, 3D로 구현되는 세계관이 펼쳐지고 근육 촉진이 되는 비디오 게임과 달리, 책은 문자를 해독하는 뇌의 일부분만 사용하게 되므로 감각기능이 저하되고, 게임은 여러 명이 즐길 수 있는 반면 독서를 하면 아이들은 고립된다. 한 방향으로만 진행되는 책은 주입식이기 때문에 아이들은 능동적이 아니라 수동적이 된다.

– 스티브 존슨의 『바보상자의 역습』 가운데서 재구성

이미 눈치 채셨겠지만, 익살맞은 저자가 말하고 싶은 건 실제로 책이 해롭다거나 게임이 더 우수하다는 이야기가 아니다. 그보다는 '독서가 최고!'라는 공식이 전 세계 문화권에 너무 깊이 새겨진 나머지, 앞으로 살아갈 새로운 문화와 혁신적인 매체에 대해 지나치게 완고한 태도를 취하고 있음을 꼬집고 있는 것이다.

특히 교육열이 높은 우리나라에서는 '책=독서=공부'라는 도식이 성립되어 있다. 아이에게 이야기를 들려준다고 책을 집어들면서 마음 한구석에는 '공부'라는 생각이 앞선 것은 아닌지 돌이켜볼 필요가 있다. 만약 그런 마음이 앞선다면 아이는 금세 엄마 아빠의 의도를 알아챌 것이다. 그리고 어느 순간 책에 완전히 흥미를 잃어버리는 날이 올지 모른다.

스테이크(이야기)를 맛있게 먹는 방법

기왕 스테이크로 비유를 했으니 계속해보자. 이야기가 스테이크라면 책, 스마트폰, TV는 그릇이다. 아이 입장에서는 지글지글 신기한 소리를 내는 철판(스마트폰)에 더 마음이 끌릴 수 있고, 평범한 흰색 접시(책)가 따분해 보일 수도 있다. 하지만 스테이크가 '소중한 영양공급원'이 된다는 점에 동의한다면, "뜨거워서 손을 델 수 있으니 철판 스테이크는 무조건 안 돼!"라고 말하기보다는, 테이블 매너와 스테이크의 맛을 즐기는 법을 가르치는 게 올바른 접근이다.

실제 스마트폰이 아이의 정서나 뇌 발달을 해친다는 연구의 이면에는 '중독'이라는 무서운 단어가 뒤따른다. 스마트폰 중독만큼 '독서 중독'이나 '활자 중독' 역시 나쁠 수 있다. '중독'은 병적인 지나침을 의미하므로 어떤 경우에도 나쁘기 때문이다. 실제로 또래들, 엄마 아빠와 놀며 다양한 경험과 세계를 경험해야 하는 아이가 방에서 골똘히 책만 읽고 있다면 정말 걱정스럽지 않겠는가?

이러한 유아기의 '중독'이 발생하는 이유는 대부분 환경적 무관심이나 방치에서 비롯된다는 혐의가 짙다. 우리는 연구 결과만 보고 "스마트폰이나 TV는 나빠!"라고 쉽게 말하지만, 연구 설계의 이면을 따져봐도 그럴까? 단순히 아이가 스마트폰을 봐서 성장 발달이 뒤처지는 게 아니라, (다양한 신체활동과 경험을 등한시한 채) 지나치게 오랜 시간 동안 스마트폰에 노출될 정도로 무관심한 육아 환경이라는 조건은 전혀 고려하지 않았던 것은 아닌지. 그건 스테이크를 어떤 그릇에 담는가의 문제보다 앞선, 훨씬 더 본질적인 문제가 아닐까?

이야기는 흐른다.

다행스럽게도 이야기는 흘러 다닌다. 결코 하나의 매체에 종속되지 않는다. 이야기는 그만큼 원시적이고 강력한 '슈퍼파워'를 지니고 있다. 그래서 아프리카의 어떤 아이는 오즈의 마법사를 티셔츠 그림에서 만날 수 있고, 남미의 아이는 연극에서 만난다. 미국에서는 영화관에서 만나고, 우리나라 아이들은 책으로 만날 수 있다. 그리고 각 나라의 아이들은 한자리에 모여서 오즈의 마법사에 대해 이야기할 수 있다. 놀랍고도 흐뭇한 광경이다.

우리는 물론 매체의 장단점에 대해 평가할 수 있다. 하지만 여전히 중요한 것은 매체가 아니라 이야기가 주는 힘, 상상력이다. 그림을 보는 아이는 상상을 한다. 저 허수아비는 어떤 걱정이 있을까? 연극 무대에서 도로시가 "저것봐! 날개 달린 원숭이야!"라고 외치면 아이들 머릿속에서는 조잡한 인형이 아닌 무서운 날개 달린 원숭이가 날아다닌다.

그러니 오즈의 마법사를 책으로 읽을 수도 있고, TV나 스마트폰으로 볼 수도 있음을 인정하자. 엄마 아빠의 역할은 스마트폰을 건네며 좌절감을 느끼는 게 아니고, 아이가 영양분이 풍부한 이야기를 골고루 잘 섭취하도록 도와주는 데 있다. 그런 전제하에 이야기의 힘을 믿어보자. 다만, 함께 차에서 "썸웨어 오버 더 레인보우~"를 부르며 질문을 던져보자.

"와~ 저 사자는 무섭게 생겼는데, 왜 저렇게 겁이 많지? 정말 웃긴다."
"엄마가 예뻐, 도로시가 예뻐?"

빵을 함께 먹으며 "이건 구름빵인가? 몸이 둥둥 떠올라~"라며 아이를 번쩍 안아 아이가 하늘을 나는 기분을 만끽하게 해주자.

Somewhere over the rainbow

아이가 놀이와 대화로 경험한 스토리는 훨씬 더 다채로운 공감각적 이미지로 마음에 자리하게 될 것이다. 어른이 되어서도, 〈시네마 천국〉의 주인공처럼, 엄마 아빠와 함께 공유한 그 이야기뿐 아니라 모닥불처럼 자신을 감싸 안았던 따뜻한 정경을 추억하고 기억하게 될 것이다.

그리고 훗날 우리의 아들딸들이 소설, 영화, 수필, 드라마, 연극, 뮤지컬, 게임, 음악을 만드는 사람이 된다면, '사랑하는 엄마, 그리고 사랑하는 아빠에게!'라는 헌사를 바치고 싶은 욕망에 사로잡힐 것이다. 수많은 작가들이 부모님과의 추억을 이야기하는 건 그 이유에서다. 완성되어가는 한 인간으로서의 궁극적인 자긍심이자 자존감의 근원이기 때문이다.

'나는 따뜻한 보살핌과 사랑을 받고 자란 사람이에요. 세상의 바람에도 결코 쉽게 꺾이지 않습니다. 고개를 떨굴 때면 부모님이 유산으로 물려준 견고한 땅이 보이니까요. 나는 바로 그곳에 뿌리를 내리고 있습니다. 나는 그런 사람입니다.'

이야기는 결코 스마트폰이나 TV 따위에 굴복하지 않는다. 이야기는 흐른다. 그러니 아무 걱정 말고 아이를 이야기에 태우고 힘차게 노를 저어 가자! 무지개 너머 어딘가, somewhere over the rainbow를 향해……

새벽 6시 15분에 데이브 형이 나를 깨웠다. 문밖에서 조용히 부르면서 어머니가 곧 떠나실 것 같다고 말하는 것이었다. 안방에 들어가보니 형은 어머니의 침대 곁에 앉아 어머니에게 '쿨' 한 개비를 물려드리고 있었다…… 나는 데이브 옆에 앉아 담배를 넘겨받고 어머니의 입에 대어드렸다…… 침대 옆에는 초판 이전의 교정쇄로 묶은 『캐리』(스티븐 킹 자신의 소설) 한 권이 놓여 있고 여러 개의 유리잔이 그 모습을 반사하고 있었다. 어머니가 돌아가시기 한 달쯤 전에 에설린 이모가 소리 내어 읽어준 책이었다.

어머니의 눈길이 데이브와 나, 데이브와 나, 데이브와 나 사이를 오락가락했다…… 우리는 번갈아가며 어머니께 담배를 물려드렸다. 담배가 필터까지 타들어갔을 때 내가 꽁초를 눌러 껐다.

"내 새끼들."

—스티븐 킹의 『유혹하는 글쓰기』 중

2장

이야기의
법칙들

1.이야기의 기본 구조

: 마법을 배워보자.

이야기를 만드는 궁극의 법칙은 존재할까?

세상에는 셀 수 없이 다양한 이야기가 있다. 특히 아이를 키우는 부모가 역사 속에 늘 존재했다는 점에서 더 그렇다. 별처럼 많은 아이들이 세상에 나오는 동안 엄마 아빠는 눈을 반짝이며 기다리는 아이를 위해 역시나 별처럼 무수한 이야기를 만들고 들려줬을 테니 말이다.

따지고 보면 밤마다 동화를 읽거나 만들어주는 태교 중인 예비 부모와 엄마 아빠들도 수만 년 역사의 밤하늘에 길게 늘어선 이야기 은하수의 구성원이다. 몇몇은 유독 밝게 빛나는 이야기 별을 따다가 아이에게 선물해줬고, 어떤 엄마 아빠들은 직접 수를 놓은 별을 만들어줬다.

그리고 아주 간혹, 어떤 이들은 밤하늘을 바라보며 이야기 별이 운행하는 법칙을 발견하려 노력했다. 그들이 알아낸 비밀을 나눈 덕분에 이야기 은하계는 더 섬세해졌고 풍부해졌으며 밝아졌다. 상상해보라. 전문 작가만이 아니라 누구든지 간단한 원리만 알고 있으면 내 아이를 위한 멋진 별을 만들 수 있다니, 신나는 일 아닌가!

지금부터 바로 그 신나는 이야기를 만드는 보편적 법칙에 대해 나누고자 한다.

여기에서 다루는 법칙들은 초보 마법사들에게 제공되는 지팡이나 마법의 주문과 같다. 처음에는 불을 붙이거나(성냥을 쓰면 되는데), 올챙이를 개구리로 바꾸는(그냥 시간이 흐르면 되는데) 수준의 단순한 마법 정도만 가능할지 모른다. "호그와트 마법학교 교수님이나 〈반지의 제왕〉 간달프 수준의, 용이나 괴물과 싸우는 흥미진진한 마법은 안 되잖아요!"라거나, "그분들은 지팡이 없이도 잘하던데……"라고 생각할 수도 있다.

하지만 위대한 마법사 역시 지팡이나 주문 없이 마법을 시작한 예는 없다. 요컨대 이야기 법칙은 수천수만 년간 이어져온 이야기의 정수와 그 원리를 뽑아놓은 기본 마법서라고 보면 된다. 기초와 기본은 결코 변하지 않는다. 그리고 일반 마법술을 뛰어넘는 솜씨는 실력이 쌓이면 자연스레 발휘되는 영역이다.

그러니 조급해하지 말고, 어떻게 사람과 아이가 마법처럼 이야기에 빠져드는지, 마법이 어떻게 작동하는지 그 초급 원리부터 배워보자.

이야기의 보편 원리를 찾는 재미있는 모험

"신이 세상을 만들었다"는 문장으로 모든 문제가 해결되던 때가 있었다. 종교를 믿든 안 믿든, 이 말을 받아들이면 만물이 명료해 보이는 대신 호기심은 생기지 않는다. 사과가 땅으로 떨어지는 것을 보고 '신이 아래로 떨어지도록 만든 거겠지'라고 속 편하게 믿었다면, 과연 뉴턴 물리학이 탄생했을까? 그래서 서양에서는 중세를 '어둠의 시대'로 표현하곤 하는데, 나는 '호기심이 제거된 시대'라고 정의하고 싶다.

답이 나와 있다면 진지한 호기심은 생기지 않는다. 호기심이 없다면 골똘한 생각에 빠지지도 않고, 탐구도 없으며, 책을 뒤적이는 자발적 공부도 없다.

중세 이후 신에게서 벗어나자 참고 있던 호기심이 폭발한다. 수많은 천재와 새로운 발견들이 등장한다. 최근 2, 3백 년에 걸쳐 과학과 사상이 비약적으로 발전하게 된 이유는 중세 천 년간 압축됐던 호기심이 폭발한 것과 무관하지 않다. 이제는 '신의 시선'으로 세상을 보지 않고, '사람의 눈'으로 세상을 볼 수 있는 시대가 열린 것이다. 그러니 지구를 구태여 태양계의 중심에 두지 않아도 되고(지동설), 인간은 '신이 정교하게 만들었어'(지적 설계론)가 아니라 '어떻게 만들어졌나'(진화론)를 생각하게 된 건 필연적 수순일지 모른다.

인간은 무엇인지, 특히 인간을 움직이게 만드는 '마음은 어떻게 생겼는지'에 대한 탐구도 이 시기에 본격적으로 시작되었다. 여기서 '인간'은, 서울시 영등포구 여의도동 OO아파트에 사는 홍길동 씨처럼 특정한 사람을 지칭하는 게 아니다. 따라서 다양한 인종과 문화권은 물론 서로 다른 계급의 사람들에 대한 폭넓은 조사가 필요했다. 그래야 '보편적 원리'를 추출해낼 수 있기 때문이다. 학자들은 발 벗고 나서서 최대한 많은 사례들을 수집하는 여정을 시작했다.

대표적으로 사람들의 꿈을 수집한 학자(카를 융, 지크문트 프로이트), 각 나라의 신화나 제의를 모아 분석한 학자(조지프 캠벨, 미르체아 엘리아데), 오지 부족의 문화를 찾아서 근대 문명과 비교하거나(클로드 레비스트로스), 민간에 떠도는 이야기를 채집한 학자(블라디미르 프로프)들이 나타났다.

이들의 연구 주제는 달랐지만 결과는 흡사했다. 피부색, 민족과 국가, 문화가 모두 다른 집단이었음에도 인간 마음을 구성하는, 고유의 구조라고 볼 수 있는 공통된 단서를 포착한 것이다.

이야기로 농축된 인간 경험의 DNA

이들 학자들은 서로 왕래가 없는 지역의 사람들이 비슷한 꿈을 꾸고 비슷한 형태의 제사를 지내고 비슷한 문화를 향유하며 이야기를 들려주고 살고 있다는 데 주목한다. 그리고 카를 융의 '집단 무의식과 원형', 조지프 캠벨의 '단일신화론', 레비스트로스의 '야생의 사고' 등과 같은 이론에서는 인간에게 내장된(혹은 유전되어온) 고유한 마음의 DNA 구조가 있다고 주장한다. 비유하자면 아프리카 원주민이나 서울의 은행원이나 거의 동일한 윈도우가 내장된 컴퓨터를 갖고 있다는 주장이다.

이때, 현재까지 이어져온 신화나 민담, 이야기의 구조는 컴퓨터 시스템을 업그레이드할 수 있는 최적화된 프로그램이 된다. 이야기는 마음의 구조를 본떠 만들어졌기에, 사람은 다시 이야기의 영향을 받는다는 것이다.

이처럼 놀라운 발견과 주장이 대두되면서 학문적 시야는 확장되었다. 동시에 이야기와 그 창작 방법에 대한 관심도 늘어나게 되었다.

만약 마음의 구조를 본뜬 이야기 틀만 가지고 있다면, 언제든 재미있는 이야기를 만들 수 있지 않을까?

러시아의 학자 프로프는 수백 개의 민담과 동화, 마법담 속에서 보편적인 이야기 구조를 추출하는 데 성공한다. 조지프 캠벨 역시 세계 신화에 등장하는 영웅담의 구조를 만들어낸다. 여기에 카를 융 이론에서 뽑아낸 심리유형 등이 캐릭터와 플롯 창작에 더해지면서 보다 정교한 이야기방법론으로 발전되어간다.

그리고 이를 이해하기 쉽고 대중적인 형태로 정리한 책이 나오는데, 크리스토퍼 보글러의 『신화, 영웅 그리고 시나리오 쓰기』(원제 *The Writer's Journey*)이다. 이 책에서 다루고 있는 이야기 법칙들은 우리가 즐기는 할리우드 영화나 소설 같은 대중적인 스토리라인의 주형틀이라고 할 수 있다. 이는 이야기 분석틀로도 유용할 뿐 아니라 무엇보다 대중적 창작론으로 큰 힘을 발휘하게 된다.

마법의 지팡이 : 이야기의 0-1-2-3 법칙

이야기를 처음 접하고 집중력이 제한된 아이의 입장을 감안한다면, 앞서 언급한 학자들의 이론을 전부 담아낸, 정교하고 방대한 서사틀을 사용할 필요는 없다. 그렇다고 반짝반짝 빛나는 이야기 별을 만들어주고 싶은데 그냥 무턱대고 해보라는 건 막막한 요구다. 초보 마법사를 위한 지팡이와 기본 사용설명서는 필요하단 말씀.

그런데 초급자용 마법의 지팡이가 엉성한가 하면 결코 그렇지는 않다. 이제 다루게 될 법칙은 아리스토텔레스의 『시학』에서부터 현대의 스토리텔링 이론 가운데 가장 핵심적인 요소만을 뽑아낸 정수에 가깝다고 할 수 있다. 사용법에 익숙해지면 북극성이나 은하수도 만들어낼 수 있는 힘이 담겨 있다.

따라서 바쁘고 피곤한 엄마 아빠가 쉽게 이해할 수 있도록 이 이야기 레시피를 '0-1-2-3 법칙'이라고 이름 붙여봤다. 이제부터는 이 법칙들의 사용설명서를 펼쳐 보이고, 또 실제 이것을 이용해 어떻게 이야기를 만들어내는지 그 방법과 사례를 소개해보고자 한다.

아울러 이야기 법칙에 숨어 있는 지침들, '인생을 어떻게 살 것인가?'에 대해 함께 음미해보고자 한다. 반복되는 일상, 목적 없는 삶, 이어지는 고통스러운 사건들에 대해, 우리보다 앞서 살다 간 사람들이 이야기에 꾹꾹 눌러 담은 해답을 발굴하는 과정을 나누고 싶다.

이야기는 단순한 여흥거리가 아니다. 수천 년간 우리 부모님, 할아버지 할머니가 가르쳐주는 지혜가 우리 인생과 마음의 굴곡을 따라 깊게 새겨져 있기 때문이다. 우리 마음속에는 여전히 어린 시절의 내가 있고, 지금의 아이가 자라며 보고 배울 이야기는 바로 **엄마 아빠의 인생**이기 때문이다.

그러니 아이처럼 호기심을 가득 품고, 본격적인 이야기로의 모험을 떠나보자!

어느 시대, 어떤 상황을 막론하고 사람이 사는 곳이면 어디에서든 인간의 신화에는 끊임없이 살이 붙어왔고, 이러한 신화는 인간의 육체와 정신의 활동에서 나타날 수 있는 모든 것에 대해 살아 있는 영감을 불어넣었다.

놀라운 것은, 심원한 창조적 중심을 촉발하고 고무하는 특징적인 효과가 아이들 놀이방에서 굴러다니는 하찮은 동화책에도 들어 있다는 사실이다.

−조지프 캠벨의 『천의 얼굴을 가진 영웅』 중에서

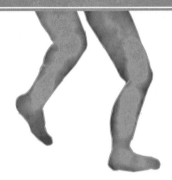

2. 창작 법칙 0
: 떠나면서 이야기가 시작된다.

0(영)의 법칙
: 떠나면서 이야기가 시작된다.

이야기를 만들어주기로 마음먹었다. 아이는 눈을 반짝거리며 아기새처럼 이야기가 떨어지기를 기다린다.

'잠깐, 그런데…… 어떻게 시작하지?'

이런 막막함을 겪어보셨다면, 너무 답답해 마시기를. 그 신호는 엄마 아빠가 이미 창작의 과정에 본격적으로 입문했다는 증거다. 첫 문장의 막막함은 곧 이야기를 어디서 어떻게 시작할 것인가에 대한 고민이기 때문이다. 물론 대개의 창작론에서는 문장 그 자체에 방점을 찍고 "첫 문장이 모든 것이야!"라고 가르치기도 한다. 문학으로서의 '첫 문장'은 다분히 곱씹어볼 만한 이야기지만, 여기서는 일단 무시하기로 하자.

우리에게는 현실적 목표가 있다. 눈앞에 있는 아기새를 만족시키는 일이다. 비평가와 독자를 내리누를 압도적 첫 문장이 아니라, '이야기를 어디서부터 시작하지?'라는 지극히 현실적 고민에서 출발하는 것이 옳다. 그리고 답은 이미 나와 있다.

이야기는 떠나면서 시작된다!

엄마나 아빠가 만약 '토끼'나 '호랑이', '정글 속 소년', '왕궁에 사는 공주님'을 주인공으로 삼기로 했다면, 그 누구든 상관없다. 일단 **떠나는 것**으로 시작해야 한다. 토끼는 연기 때문에 굴에서 쫓겨 나오고, 호랑이는 사냥꾼을 피해 밀림을 나와야 한다. 정글 소년은 깊은 밤에 익숙한 길을 잃어야 하고, 왕궁에 사는 공주님은 마녀 때문에 쫓겨나야 한다……

어디에서 어디로 떠나가는가?

동화든 영화든 어떤 것이든 좋다. 잠시 이야기의 초반부를 떠올려보자. 백설공주는 부모님께 사랑받았고, 인어공주는 언니들과 즐겁게 헤엄치며 살았다. 〈반지의 제왕〉의 프로도는 호빗 축제를 즐기고 있고, 〈겨울왕국〉의 엘사와 안나는 굳게 닫힌 성안에서 하루하루를 보낸다. 주인공들의 삶은 각기 다르지만 그들의 거처는 언제나 안전한 어떤 곳, 집과 일상이라는 세계에 머물러 있다. 큰 행복은 없을지 몰라도 익숙한 곳이다.

우리는 그곳을 **일상의 세계**라 부른다.

그러나 그들의 '일상'은 결코 길지 않다. 이야기가 진행되면서 주인공은 '운명처럼' 익숙한 장소를 떠나 낯선 곳에 도착한다. 이상한 난쟁이들이 사는 숲, 헤엄쳐 다니는 바다가 아닌 걸어 다녀야 하는 땅, 괴물들이 우글거리는 진흙 구덩이나 눈과 얼음으로 뒤덮인 세계……

일상의 경계 너머에는 신기하면서도 기괴한, **비현실적이며 낯선 세계**가 있다. 일상과 낯선 세계, 인간의 마음속에 세계는 크게 두 가지 모습으로만 존재한다.

그리고 주인공은 언제나 일상의 세계에서 낯선 세계로 떠난다.

'떠나는 이야기'의 의미

일본의 비평가 오쓰카 에이지는 학자들의 말을 인용해, 이런 이야기의 기본 구조(오쓰카나 캠벨은 이를 '갔다가 돌아오는 회귀구조'로 설명한다)가 '발달 과정에 있는 어린이의 두뇌와 감정이 가장 받아들이기 쉬운 형태'라고 지적한다. 그가 예로 든 "엄마 없다~ 엄마 여기 있네~"와 같은 까꿍 놀이만 봐도 그렇다. 까꿍 놀이는 손으로 얼굴을 가렸다 나타나는 단순한 동작만으로, 엄마가 있는 상태(익숙함)에서 엄마가 없는 상태(낯선 상황)로의 떠남을 정확히 보여준다. 아이가 원초적 즐거움을 느끼며 까르르 웃는 건 당연하다.

'떠나는 이야기' 구조는 인류의 역사와 문화양식에서도 공통적으로 발견되는 특징들이다. 꿈, 종교의식, 축제, 신화는 모두가 익숙한 세계 혹은 현실을 떠나 새로운 세계로 들어가는 패턴을 상징적으로 보여준다. 인간이 아주 오래전부터 이런 이야기 구조와 친숙했으며, 또 이를 통해 새로운 이야기를 만들어왔음을 알게 하는 증거들이다.

실제로 '떠나는 이야기'는 과거뿐 아니라 오늘 우리의 삶에도 반복되고 있다. 육아휴직이 끝난 엄마가 눈물을 훔치며 아이를 어린이집에 맡기는 일, 첫사랑의 감정에 빠진 사춘기 소녀, 신병교육대에서의 심란한 첫날밤…… 인생의 흔한 단상이지만 이것은 모두 일상 혹은 익숙한 감정으로부터 '떠나는 이야기'라고 할 수 있다.

요컨대 아리스토텔레스의 말처럼, 우리가 '떠나는 이야기'에 빠져드는 이유는, 이야기는 삶의 모방이기 때문이다. 그리고 삶은 '떠나는 이야기'로 가득차 있다.

0(영)의 법칙
: 0을 닮은 이야기, 하지만 결코 0이 아닌 이야기

하지만 '떠나는 이야기'가 보편적 삶의 모방이나 마음의 모방이라는 의미에 그치는 걸까?

신화학자 조지프 캠벨은 동그라미(O)를 그려놓고 그 원을 따라 '분리', '입문', '회귀'의 세 단계를 제시했다. 이야기 속 영웅은 이 표준궤도에 따라 세 단계를 겪는다. 쉽게 말하자면 익숙한 세계를 떠나(분리), 낯선 세계에 도착하고(입문), 다시 돌아오는 것(회귀)을 뜻한다.

'떠나는 이야기'의 진짜 의미는 바로 이 지점에서 발생한다. 조지프 캠벨은 『천의 얼굴을 가진 영웅』에서 다음과 같이 말한다. "신화와 제의의 주요 기능은 과거에다 묶어두려는 경향이 있는 인간의 끊임없는 환상에 대응하여 인간의 정신을 향상시키는 데 필요한 상징을 공급하는 것이다."

일상 세계는 지루하지만 안전한 공간이다. 떠나고 싶지 않은 곳이다. 여행의 즐거움을 만끽하면서도 "역시 집이 제일이야!"라는 말을 읊조리는 것만 봐도 알 수 있다. 일상 세계에서는 시간이 흐르지 않는다. 어제 마주친 일상의 풍경이 오늘과 다르지 않기 때문이다.

하지만 낯선 세계는 그렇지 않다. 모든 것이 새롭고, 그만큼 불편하다. 과거의 나를 떨쳐내야 살 수 있는 곳이다.

일상에 발을 딛고 살던 주인공이 낯선 세계로 떠났다가 돌아온다. 그는 엄청난 보물을 보상으로 받거나 용을 무찌를 전설의 칼을 들고 오지 않았을 수 있다. 이때 그가 얻은 것은 0(영)에 가깝고 변한 것은 아무것도 없을지 모른다. 하지만 그는 이미 일상에 머물던 과거의 그가 아니다.

그의 내면이 그 과정을 통해 '성장'했기 때문이다.

조지프 캠벨을 비롯한 학자들은 '떠나는 이야기'의 진짜 의미를 '통과의례'와 '성인식'에서 찾는다. 사람은 일상을 벗어날 때만 '성장'할 수 있다는 의미다.

어린이집 아이도, 사춘기 소녀도, 신병도 필연적으로 전과는 완벽하게 다른 세계 속에서 새로운 '감정'과 '경험'을 얻게 된다. 그곳은 빛, 냄새, 촉감, 소리 등 모든 것이 다르며, 그만큼 모든 것이 새로운 세계다. 물론 슬플 수도, 기쁠 수도, 두려울 수도 있다. 그럼에도 중요한 것은 익숙한 일상에서는 결코 느낄 수 없었던 신선한 공기가 마음으로 흘러들어 순환한다는 점이다. 성장의 기회는 그렇게 찾아온다.

요컨대 대부분의 매력적인 스토리가 '떠나는 이야기'를 사용하는 의미는 간단하다. 인생은 '(일상 혹은 익숙한 감정으로부터) 떠나는' 구조로 채워져 있기 때문이며,

사람이 성장하는 유일한 방법은 '일상을 떠나는 것'이기 때문이다.

아이에게 '떠나는 이야기'를 만들어 들려준다는 것은?

아이에게도 일상이 있다. 늘 보는 광경과 안락함을 느끼는 장소가 있다.

익숙한 베란다 밖 풍경, 꼬리가 없어진 공룡과 색연필 낙서로 가득 찬 스케치북…… 그런 일상이 점차 신선함을 잃어가기 시작할 즈음, 아이의 마음에는 새로운 세계에 대한 호기심이 타오르기 시작한다.

하지만 일상의 세계를 떠나는 것은 말처럼 쉽지 않다. 직업을 바꾸거나, 결혼을 하거나, 혹은 이민을 가는 등의 결정은 매우 어렵고 한편으로 두렵기도 하다. 아이도 마찬가지다. 익숙한 풍경 너머가 몹시 궁금하고 가보고 싶지만 두려움이 앞선다. 아이가 끙끙대며 엄마나 아빠 팔을 잡아끌면서 새로운 장소를 탐험하는 이유는 이처럼 호기심과 두려움이 마음속에 교차하기 때문이다.

'떠나는 이야기'에는 이 두 가지 모습이 골고루 등장한다. 용감하게 떠나기로 결심하는 주인공이 있고, 떠나기 싫었지만 억지로 떠나게 되는 주인공도 있다. 모두가 알다시피 그런 것이 삶이다. 엄마 아빠가 동화를 만들어줄 때 굳이 모든 주인공이 용감하게 길을 나서지 않아도 되는 이유이며, 또 아이에게 무조건 용기 있게 시도하라고 다그치지 말아야 하는 이유이기도 하다. 어차피 안전하고 친숙한 엄마의 자궁에서 나온 아이에게는 이 세상 모든 것이 낯선 세계이기 때문이다. 엄마 아빠가 조기교육으로 새로운 자극을 주지 않아도, 아이는 나름의 방식을 찾아가며 낯선 세계에서 고군분투하고 있음을 잊지 말아야 한다.

아이가 무럭무럭 자라며 낯선 세계를 경험하는 모습은 대견한 반면 안쓰럽다. 부모는 그 순간을 참아내기가 어렵다. 신발 신느라 끙끙대는 모습만 봐도 대신 해주고 싶던데…… 여기에서 주의할 점은 부모 스스로가 그 세계로 직접 뛰어들어서는 안 된다는 것이다. 아이에게 낯선 세계는 엄마 아빠에게는 이미 익숙한 일상의 세계이다. 성인이 된 엄마 아빠가 아이의 세계에 침입하는 순간, 아이가 경험해야 할 세계는 무너지고 일상의 빛으로 탈색되어버린다. 그리고 통과의례와 성인식을 스스로의 힘으로 치르지 못한 아이는 어른이 되어서도 아이로 남는다.

'떠나는 이야기'를 만들고 들려주는 마음가짐은 따라서 특별한 게 아니다. 엄마 아빠가 아이에게 '떠나는 이야기'를 오롯이 자신의 경험으로 받아들이고 즐길 수 있도록 배려해주고, 이를 통해 부드럽게 삶의 방식을 시뮬레이션할 기회를 오롯이 선물하는 것, 그뿐이다.

아이는 때가 오면 조심스럽게 한 발 한 발 낯선 세계로 떠날 준비를 할 것이다. 그때 엄마 아빠는 아이의 등을 두드려주거나 한 발짝 물러서서 바라보자.

때론 안쓰럽고 때론 아프겠지만,

그것이 아이가 성장하는 과정임을 인정하자.
그것이 또 엄마 아빠가 아이를 통해 성장하는 것임을 받아들이자.
힘든 육아는 아이가 엄마 아빠에게 선물해준 성장의 기회임을 깨닫자.

엄마 아빠에게 필요한 마음가짐은 언제나, 또 오로지, 그뿐이다.

민속 의례에서는 산속이나 동굴 등 이쪽 편으로부터 격리된 장소로, 신화나 옛날이야기의 주인공은 죽음의 나라로 여행을 떠난다.

참가자는 건너편에서 현실로 돌아오는 것을 통해 갈 때와는 다른 사람으로 변하게 된다.

–오쓰카 에이지의 『스토리 메이커』 중

3. 실전 법칙 0

: '떠나는 이야기' 만들기

'떠나는 이야기'를 처음 만드는
아빠의 창작 사례

어린 아들이 이야기를 내놓으라고 야단이다.

> "아빠, 이야기 하나만~ 그것만 듣고 잘게요~"

아빠는 눈을 감고 어떤 이야기를 해줄까 레퍼토리를 떠올렸다. 헨젤과 그레텔, 잭과 콩나무, 걸리버 여행기, 찰리와 초콜릿 공장, 피터 팬, 오즈의 마법사, 백설공주, 인어공주, 미운 아기 오리, 피노키오, 보물섬, 이상한 나라의 앨리스……

그러고 보니 전부 주인공이 '떠나는 이야기'들이다.
마침 얼마 전 '이야기는 떠나면서 시작된다'는 창작법을 읽은 기억이 났다.

> '그래, 매일 나도 같은 이야기하느라 지겨웠던 참인데, 이야기를
> 만들어볼까?'

아빠는 아들 얼굴을 스윽 한 번 쳐다보고는, 주인공을 바로 정했다. 아들을 닮은 소년이 주인공이다. 그다음은 뭐였더라? 그래, 떠나긴 떠나는데…… **일상**

에서 낯선 곳으로 떠난다고 했지?

아빠는 어젯밤 아들과 함께 봤던 다큐멘터리를 떠올렸다. 단골 소재인 아프리카 사자에 대한 내용이었고 마침 아들은 사자를 좋아했다. 소년이 사는 일상의 장소는 그렇게 '아프리카 초원에 있는 어느 마을'로 결정되었다.

주인공과 일상의 장소가 결정되었으니, 소년의 일상에 대해 상상했다. 그런데…… 쉽지 않았다. 아프리카는 사진이나 TV로만 봤을 뿐, 소년이 어떻게 살았을지는 감조차 잡히지 않았다. 그래서 그 부분은 일단 넘어가고, 이번엔 주인공이 떠나는 낯선 곳을 떠올려보기로 했다. 하지만 이쪽도 만만치 않다. 그래서 동화 속에서는 어떤 세계들이 있었는지 살펴봤다. 헨젤과 그레텔은 과자로 만든 집, 잭과 콩나무에서는 하늘을 뚫고 자란 나무 위의 세계, 걸리버 여행기에서는 소인국이나 거인국, 윙카의 공장에서는 초콜릿 강이 흐르고, 피터 팬은 네버랜드……

곰곰이 곱씹어보니 하나같이 재미있고 독창적이며 확실히 낯선 세계였다. 아빠는 낯선 세계를 고민하다가 그냥 '사자가 사는 곳'으로 정했다. 늙었지만 사람의 말을 알아들을 정도로 영리하고 무시무시한 사자가 사는 곳이면 되겠지 싶었다. 소년이 사는 곳에는 사자가 없고 낯선 곳엔 사자가 있으니 이 정도면 괜찮을 듯했다. 어쨌든 두 세계는 명확히 갈리는 셈이니까.

주인공은 경계선을 넘어 낯선 곳으로 떠나간다. 이제 일상과 낯선 곳의 경계선을 정할 차례다. 이번에도 동화를 떠올려봤다. 이상한 나라의 앨리스에서는 토끼굴에 떨어지고, 잭은 나무를 기어오르고, 도로시는 회오리바람에 날아간다.

아빠는 일상과 낯선 곳의 경계선을 '강'으로 삼기로 했다. 강 이쪽 편은 일상 세계, 저쪽 편은 낯선 세계. 강을 경계선으로 만들고 나니 소년의 일상도 묘사할 수 있을 듯했다. 주변에 강이 있다면 소년은 수영도 하고 낚시도 하면서 지낼 것이다.

그런데 소년은 어떻게 일상에서 낯선 곳으로 떠나가는 걸까? 그래, 우연히 경계를 넘어가도 상관없다고 했으니까 낚시를 하다가 물에 빠져 넘어가는 걸로 해볼까? 이렇게 해서 초반 이야기를 끌고 나갈 만한 요소들이 갖춰진 듯했다. 주인공도 있고, 사자도 있고, 일상 세계와 낯선 세계, 그리고 경계선도 생겼다.

아빠는 "에헴" 하고 목을 가다듬고, 이야기가 떨어지기를 기다리는 아기새를 바라보며 일단 이야기를 시작했다.

〈포코코 이야기〉

옛날 옛날에 아프리카 어느 마을에 포코코라는, 우리 아들처럼 아주 용감하고 지혜로운 소년이 살았어. 마을 앞에는 작은 강이 흐르고 있었고, 마을 사람들은 모두 즐겁게 살고 있었단다.

포코코는 매일 아침 낚시를 하러 갔지. 물고기를 잡으면 마을 사람들과 사이좋게 나눠 먹었어. 포코코는 사람들이 맛있게 물고기를 먹는 모습을 보면 기분이 좋았어.

그런데 어느 날 마을에 '건기'가 찾아왔어(굳이 아이를 위해 쉬운 단어를 쓰지 않아도 된다. 어휘를 익히는 단계의 아이에게는 어렵고 쉬운 단어의 구분이 없기 때문이고, 아이가 호기심을 갖고 물어보면 대화를 할 기회가 생기기 때문이다). 마을에서 키우는 옥수수도 바짝 말라붙어서 먹을 게 점점 없어졌어. 포코코는 더 열심히 물고기를 잡기로 마음먹었어. 그때 포코코를 지켜보던 마을 족장님이 말씀하셨어.

"얘, 포코코야, 언제나 이렇게 맛있는 물고기를 나눠주니 정말 고맙구나. 그런데 네가 꼭 기억해야 할 것이 있다."
"뭔데요, 족장님?"
"응, 반드시 푸른 강에서만 낚시를 해야 해. 우리 마을 맞은편에 있는 검은 강 너머에는 '심바'라고 하는 무시무시한 사자가 살고 있거든. 그 녀석은 나만큼 오래 살았지. 오래 산 만큼 아주 영리하단다. 얼마나 영리한가 하면, 사람의 말도 모조리 알아들을 수도 있대."

"사람의 말을 알아듣는 사자요? 정말 대단하네요! 하지만 젊은 사자가 곧 왕이 되지 않을까요?"

포코코가 족장 할아버지에게 묻자 족장님이 이렇게 대답하셨지.

"네 말이 맞다. 실제로 떠돌이 젊은 사자가 심바를 공격한 적이 있었지. 하지만 심바는 바로 싸우지 않았어. 대신 침착하게 밤이 되기를 기다렸단다. 그리고 검은 강으로 젊은 사자를 유인했지. 발을 헛디딘 젊은 사자는 힘 한 번 써보지 못하고 검은 물에 빠졌어. 늙은 사자 심바는 그 정도로 영리하단다."

포코코는 마을에서 가장 용감한 소년이었지만 이 이야기를 듣고 겁이 나는 건 어쩔 수 없었어. 족장님이 말씀하셨어.

"그러니 절대 검은 강 쪽으로 가선 안 된다. 혹시라도 길을 잃어 그곳에 가게 된다면 숨어 있지도 말고, 다른 어떤 소리도 신경 쓰지 말아야 한다. 무조건 강에 뛰어들어 마을로 건너와야 해. 알았지?"

포코코는 고개를 끄덕였어. 그리고 족장님 말씀대로 검은 강에는 절대 가지 말아야겠다고 생각했어.

다음 날 포코코가 낚시를 하고 있을 때였어. 거대한 물고기가 낚싯대에 걸린 거야. 열심히 씨름을 했지만 물고기가 힘이 너무 셌어. 그래도 포코코는 포기할 수 없었지.

'저 물고기를 잡아간다면 온 마을 사람들과 잔치를 벌일 수 있겠지? 가뭄을 버틸 수 있는 힘이 날 거야!'

그때 포코코의 작은 낚싯대가 부러지고 말았어. 거대한 물고기가 눈앞에서 사라지려고 하자 포코코는 물에 뛰어들어서 물고기 등에 올라탔어. 그런데 이걸 어쩜담? 깜짝 놀란 물고기가 검은 강 쪽으로 빠르게 헤엄치는 거야! 포코코는 방향을 돌려보려 온 힘을 다해 물고기를 내리쳤지만 소용없었어. 잠시 후 포코코가 정신을 차렸을 때 포코코는 어디 있었을까?

그래, 맞아.
검은 강 너머 풀숲에 떠내려와 있었단다.
사람의 말도 알아듣는 무섭고 영리한 늙은 사자,
바로 심바가 사는 곳에 말이야……

(계속)

더 멋진 '떠나는 이야기'를 위한
짧은 TIP 3가지

위 사례의 아빠는 처음이지만 아주 능숙하게 이야기를 만들어냈다. 앞 장에서 '떠나는 이야기'의 기본 원리와 그 의미에 대해 설명했다. 이번에는 '떠나는 이야기'의 실제 창작법과 함께, 이야기를 더욱 풍성하고 깊이 있게 만들 수 있는 짧은 TIP을 소개하고자 한다.

1. 일상 세계 묘사에 공을 들여라.

주인공을 일상에서 낯선 곳으로 떠나보내기 위해서는 위의 아빠처럼 일상과 낯선 세계를 설정해야 한다. 우리는 낯선 세계에서 본격적인 이야기와 사건이 벌어진다는 점을 알고 있다. 따라서 낯선 세계의 아이디어를 찾는 데 많은 시간을 보낼지 모른다. 하지만 낯선 세계가 빛나기 위해서는 도리어 일상 세계의 정성스러운 묘사가 필요하다.

실제로 할리우드의 프로 작가들도 일상과 비일상의 세계를 극적으로 보여주기 위해, 주인공을 소개하는 초반부에 그들의 익숙하고 지루한 하루(일상)를 묘사하는 데 공을 들인다. 그래야 경계선 너머의 진짜 전혀 다른 세계, 비일상적 풍경을 더 충격적이고 압도적으로 "짠!" 하고 보여줄 수 있기 때문이다.

아무리 멋지고 신기한 낯선 세계도 일상과의 대비가 없다면 매력을 잃는다. 일상 세계를 낯선 세계만큼 정성스럽게 그려야 하는 이유다.

2. 낯선 세계에는 고유한 법칙이 있다.

일상과 대비된 낯선 세계는 어떻게 그리면 좋을까? 무조건 신기하고 낯설면 괜찮은 걸까? 대답은 "네, 일단은 그렇습니다"이다. 하지만 여기에도 비밀은 숨어 있다.

낯선 세계도 또 하나의 세계다. 모든 곳에는 그 세계 나름의 법칙이 있다.『해리 포터』의 마법학교에도 학생들이 준수해야 할 나름의 규칙과 (보이지 않는) 계급이 존재하듯이 말이다. 이러한 규칙들은 이야기에 설득력을 주고, 낯선 세계에서 벌어지는 사건과 얽히면서 더욱 이야기를 풍부하게 한다.

예컨대 〈반지의 제왕〉이나 〈스타워즈〉 같은 대서사시에 나오는 중간계 혹은 우주의 역사 같은 거대한 세계관일 수도 있고(이 경우는 훨씬 많은 규칙과 역사가 필요할 것이다), 애니메이션 〈마녀 배달부 키키〉에서는 견습마녀가 진짜 마녀가 되기 위해 열세 살에 여행을 떠나야 하고, 인어공주는 두 다리를 얻는 대신 '뭍에 나와서는 목소리를 쓸 수 없다'라는 규칙을 받아들인다.

좀 더 쉽게 비유하자면, 대학을 졸업하고(일상을 떠나) 갓 회사에 입사한(낯선 세계) 신입사원이 적응하는 과정을 떠올려도 좋다. 회사에는 고유의 직급이 존재하고, 처음 보는 복합기 사용법부터 눈에 보이지 않는 수만 가지 규칙들을 배우고 따라야 한다. 이 과정에서 좌충우돌은 필연적이다. 주말에 친구들을 만나 자신이 저지른 황당한 실수담과 이야기를 털어놓게 되는 것도, 회사라는 낯선 세계의 규칙에서 사건이 발생했기 때문이다.

'낯선 세계는 자신만의 고유한 법칙을 갖고 있어야 한다'는 점을 꼭 기억하자.

3. 경계선은 롤러코스터의 가장 높은 지점과도 같다.

일상과 낯선 세계가 각각 존재한다면, 두 세계를 가로지르는 경계선 역시 존재하기 마련이다. 주인공은 그 경계선을 자신의 의지로 넘어서기도 하고, 우연히 흘러들기도 한다.

경계선은 〈스타워즈〉의 루크 스카이워커가 한 솔로를 만나는 신기한 외계인이 가득한 술집일 수도 있고, 호그와트로 가는 킹 크로스 역의 9와 4분의 3 승강장일 수도 있다. 토토로가 낮잠을 자는 나무뿌리 틈이나, 공장 문이 열리는 순간 찰리가 본 초콜릿 폭포일 수 있다.

기억해야 할 점은 경계선과 그것을 넘는 과정이 충분히 흥미진진하고 매력적이어야 한다는 점이다. 이 부분을 대충 넘겨버린다면 독자나 청자가 가장 재미있어하는 부분을 놓치는 것일 수 있다.

아마도 롤러코스터 설계자들은 이 원리를 이미 알고 있었던 것 같다. 롤러코스터는 위치 에너지가 최대치에 달한 레일 꼭대기에 잠시 멈춰 선다. 뒤로는 일상이 있고 앞에는 이제부터 펼쳐질 꼬불꼬불한 롤러코스터의 레일이 있다. 관객은 그 경계에서 숨을 멈추고 이제 시작될 흥미진진한 모험을 상상한다. 기대와 공포가 최대치에 달하는 순간, 열차는 90도로 미끄러지며 떨어진다. 만약 이 과정을 그저 휙 지나쳐버린다면 이야기가 지닌 재미의 절반은 날아가버리고 말 것이다.

　이런 의미에서 일상과 낯선 세계의 경계선은 반드시 흥미진진하고 정성스럽게 그려져야 한다.

'떠나는 이야기'의 심화학습 TIP 3가지

(1) 일상을 낯선 세계와 대비가 될 수 있게 그리세요.
(2) 낯선 세계의 독특한 규칙과 세계관을 만드세요.
(3) 일상과 낯선 세계의 경계선은 반드시 있어야 해요.

배경을 잘 묘사하면 독자들을 등장인물들이 살고 있는 상황속으로 끌어들일 수 있지. 배경이 온두라스라면, 독자들은 더위와 습기와 갈증을 느껴야 해. 마을 광장으로 내리쬐는 뜨거운 햇살과 교회당 옆에 묶어 놓은 작은 당나귀의 엉덩이에서 솟구치는 더운 김을 볼 수 있어야 하지. 물고기머리와 바나나 껍질로 만드는 토속음식인 조조가 숯불 위에서 지글대는 소리에서 그 냄새를 맡을 수 있어야 해.

배경을 정교하게 묘사하면 소설의 배경이 되는 곳을 정확하게 알려줄 뿐만 아니라 실제로 있었던 사건처럼 믿게 만들 수 있어.

-『스누피의 글쓰기 완전정복』, '배경 묘사를 어떻게 할까' 중

4. 창작 법칙 1

: 주인공은 부족해야 한다.

주인공은 왜 낯선 곳으로 떠날까?

우리는 첫 번째로 살펴본 0의 법칙을 통해 '이야기는 떠나면서 시작된다'는 사실을 알았다. 주인공은 일상적인 곳을 떠나 아주 특이한 낯선 세계를 여행한다. 그 여행의 의미는 성인식이나 통과의례였으며, 이는 '성장'을 뜻한다.

그런데 주인공은 왜 떠나는 걸까? 무조건 떠나야 한다니 떠나긴 하는데……앞 장에서 말했듯 인생이란 스스로 떠나기도 하지만 떠밀려 가기도 하는 것이니, 그저 그러려니 해야 할까?

그런데 어떤 식으로 떠나게 되든 놀라운 공통점이 발견된다. 아래 예시를 보자.

도로시는 회오리바람에 떠밀려 고향을 잃었다. 도로시는 고향을 되찾아야 한다. 헨젤과 그레텔 역시 숲에 버려졌지만, 아빠가 있는 집으로 돌아가야 한다. 인어공주는 뭍으로 올라가 사랑하는 왕자님을 만나야 하며, 백설공주는 못된 마녀의 손아귀에서 왕궁과 아버지를 되찾아야 한다. 뭔가 느낌이 오는 듯하다.

결핍과 욕망이 낳은 주인공이
이야기를 끌어간다.

주인공의 결심으로 떠나든 그렇지 않든 공통의 구조가 드러난다. 그들에게 **부족함**이 생겼다는 사실이다.

고향과 집, 사랑과 아버지를 잃었다는 건 부족함, 다른 말로 '결핍'이다. 대부분의 이야기는 주인공이 이러한 부족함(결여)을 깨닫는 데서 출발한다. 결핍은 자연스럽게 (채우고 싶다는) 욕망으로 이어진다. 이 욕망은 이야기 전체를 흥미진진하게 끌고 가는 힘이 되는 동시에 목표까지 선명하게 제시해주는 마법 같은 힘을 갖는다.

수백 가지 민담을 토대로 이야기 구조를 정립한 블라디미르 프로프는 이것을 이야기 최초의 상황에서 주인공의 동기가 되는 독특한 기능으로 이해했다. 그는 '부재'나 '결여', '부족함', '결핍'과 같은 다양한 용어로 이 원리를 설명한다. 이 결핍과 욕망이라는 연료 없이는 이야기라는 자동차가 움직일 수 없다.

그러니 동화 창작의 두 번째 법칙이 '결핍'과 '욕망'의 차지가 되는 것은 당연하다.

결핍과 욕망, 그리고 성장의 방정식

그렇다면 창작의 두 번째 법칙인 '결핍'은 첫 번째 법칙인 '성장'이라는 주제와 어떻게 연결될까?

우리 앞에 똑같은 모양의 컵이 놓여 있고 제각각 다른 양의 물이 담겨 있다고 해보자. 이때 물을 가장 많이 담을 수 있는 컵은 무엇일까? 당연히 가장 적은 양의 물이 담겨 있는 컵일 것이다. 여기서 컵은 결핍된 상태의 주인공이며, 물은 욕망이 끌어가는 주인공의 투쟁이고, 물이 가득 찬 상태로의 변화는 '성장'을 뜻한다.

결국 '결핍'이 클수록 강력한 욕망을 낳고 더 큰 '성장'을 안겨주는 셈이다. 적어도 이야기에서 주인공은 완벽해서가 아니고 도리어 부족하기에 이야기의 중심축이 될 자격을 갖춘다. 그들은 이 결핍을 메꾸기 위한 투쟁의 과정 속에서 훌륭한 인간으로 완성되어간다.

미국의 내러티브 전문가 크리스토퍼 보글러는 이 원리를 다음과 같이 말한다.

> "영웅이라는 원형은 정체성과 완전함을 찾아 헤매는 에고를 표상한다. 완전무결하고 전일한 인간 존재가 되는 과정에서 우리 모두는 자신 안에 존재하는 수호자, 괴물, 조력자를 대면하게 된다.

우리에게 부여된 심리적 차원의 임무는 이렇게 변리된 부분들을 무게중심으로 통합하여 완전한 일자(一者)가 되는 것이다."

-크리스토퍼 보글러의 『신화, 영웅, 그리고 시나리오 쓰기』 중

앞서 말한 대로 주인공은 비어 있는 컵을 닮아 있다. 완벽하지 않으며, 늘 무언가가 부족한 상태에 놓인다. 그들은 자신이 잃어버린, 자신에게 결여된, 부족한, 불충분한 무언가를 발견했기에, 물이 가득한 컵과 같은 완전한 상태(=일자)가 되고 싶어 하는 욕망을 갖게 되는 것이다. 그들이 굳이 일상을 떠나 낯선 곳을 향해 험난한 여행길에 오르는 이유는 놀라울 만큼 자연스럽게 연결된다.

도로시는 돌아갈 고향이 사라졌고, 양철 나무꾼에게는 심장이 없고, 사자에게는 용기가 부족하며, 허수아비에게는 지혜가 결여되어 있다. 부족함을 깨달은 순간, 이야기 속 주인공들은 일상을 떨칠 용기를 갖는다. 고향을 되찾고 싶고, 심장과 용기와 지혜를 욕망한다. 결핍에서 출발한 욕망은 구체적인 행동을 낳고, 행동이 이야기를 만든다. 도로시도 나무꾼도, 사자와 허수아비도 일상을 떠나 노란 벽돌길을 따라 걸어간다. 바로 결핍과 욕망, 성장의 방정식이 적용된 예다.

주인공의 성장과 아이의 성장에 대하여

지금까지 존재한 수많은 이야기꾼들은 알고 있었다. 주인공이 결핍을 극복하고 성장하는 과정에 이야기의 성패가 달려 있음을…… 그런데 따지고 보면 부모 역시 다르지 않다. 이 지점에서 이야기 **창작자로서의 고민과 실제 아이를 키우는 엄마 아빠의 고민**이 만난다. 요컨대 이야기는 삶의 모방이라는 말을 반복하지 않더라도, 우리 아이든 이야기 속 주인공이든 잘 '커나가는 데'(성장)에 인생 혹은 이야기의 성패가 달려 있는 것이다.

그렇다면 창작의 두 번째 원리까지 살펴본 마당에, 다음과 같은 질문이 따를 법도 하다.

"동화 속 주인공이 성장하기 위해 결핍이 필요하다면, 혹시 우리 아이에게도 결핍이 필요한 걸까요?"

부족함 없는 아이와
부족함이 필요한 아이 사이에서

가난했던 전후 시기를 벗어나 70, 80년대 고도 성장기를 지나온 우리의 아버지 어머니들께서는 이렇게 말씀하셨다.

"요즘 애들은 풍족하게 자라서인지 부족한 걸 몰라."

좀 따분한 말씀이긴 했지만, 옛 어른들도 '결핍'의 효용을 분명히 알고 계셨던 듯하다. 먹을거리가 부족한 시절을 경험하게 되면 음식의 소중함을 알게 된다. 장난감이 부족하면 돌멩이로 공기놀이며 비석치기 등 창의적이고 사회적인 놀이를 만들어 하게 된다. 결핍은 좋은 면이 있다.

하지만 이런 것을 근거로 "우리 아이에게도 결핍이 필요하다!"라고 이야기하기는 어렵다. 그러니 앞선 질문은 어렵다. 이해하기 어려운 게 아니라 실행이 어렵다는 측면에서 그렇다.

엄마 아빠는 자녀에게 부족함이 없는지 늘 살피고 결핍을 채워주려 최선을 다한다. 아이가 태어나기도 전에 육아용품 쇼핑 목록을 챙기고 육아 서적을 읽는다. 아이가 자라면서는 월령에 맞는 교구와 교육 프로그램을 찾아다닌다. 이처럼 세상 모든 엄마 아빠가 우리 아이만큼은 결코 부족함이 없도록 키우려는 심리는 비슷하다. 사랑하기 때문이고, 냉혹한 사회가 어떤지 너무도 잘 알고 있기 때문이다.

사회는 부족해 보이는 사람을 배려하거나 기다려주지 않는다. 특히 우리나라는 더 그렇다. 부족한 주인공이 멋진 시험을 이겨내고 완전한 사람에 가까워지거나 창의성을 발휘하게 된다는 건 우리 현실에서는 뜬구름 잡는 이야기 같다. 당장 아이가 장난감이 부족해서, 성장 단계에 필요한 무언가가 결여돼서, 뒤처지거나 열등감을 느끼는 상황을 견딜 수 있는 부모가 있을까? 그런데 이런 입장도 문제가 있다.

결핍을 참지 못하고 채워주는 육아에서는 필연적으로 모든 책임이 부모의 것이 된다.

인터넷과 책들을 통해 쏟아지는 '과학적인' 육아 지침은 아무리 노력해도 닿을 수 없는 신기루와 같다. 애착관계 형성이 잘못된 게 아닐까? 맞벌이하느라 아이와 놀아주지 못한 게 문제를 일으키는 건 아닐까? 고급 사설 유치원이나 사립 명문 초등학교에 보내야 하는데 형편상 보내지 못해 아이의 인생을 망쳐버린 게 아닐까? 육아의 피로감에 죄책감이 더해지면서 견딜 수 없는 나날이 시작된다.

주인공의 결핍이 이야기를 만들고 성장하게 한다는 데는 동의하지만, 아이 인생에는 결핍이 없어야 하는 사회…… 부족함 없이 커야 하는 아이와 부족함이 필요한 아이의 딜레마에서 우리는 과연 어떤 답을 찾을 수 있을까?

결핍과 욕망에 대한 해석

프랑스의 철학자 라캉은 인간의 근원적 '결핍'과 채워지지 않는 '욕망'에 대해 파헤쳤다. 그는 인간이 끊임없이 욕망에 시달리는 이유를 탐구하면서, 동전의 뒷면과 같은 근원적 결핍은 무엇일까 고민했다. 당연히 인간으로서 출발선에 서는 시점, 바로 아기에게 관심이 많을 수밖에 없었다.

아직 말을 못하는 아기는 자신과 타인을 구분하지 못한다. 이 단계에서는 '나'와 '다른 사람'의 구분이 모호하다. 거울 속의 나처럼, 나와 늘 붙어 있는 엄마를 통해 나를 본다. 그리고 그런 '나'를 진짜 '나'라고 믿어버린다. 이처럼 나와 거울에 비친 세계를 구분하지 못하는 아기에게 당연히 엄마는 세계의 모든 것이자 자기 자신이 된다. 하지만 그것은 아기의 인식이 만들어낸 상상이자 허구의 이미지다. 따라서 라캉은 이를 '상상계'라고 부른다.

아기가 성장하면서 말을 배우게 되면 좋든 싫든 낯선 세계로 여행을 떠나게 된다. 그 세계는 아기가 태어나기 전부터 존재하는 말(언어)처럼 규칙과 금지로 가득한 세계, 이른바 '상징계'이다. 이 여정을 통해 아기는 '방앗간 집

둘째 아들'처럼 사회적 관계로서의 '이름'과 '위치'를 지정받게 된다. 또 "방앗
간 집 아들은 떡을 먹어야지 빵을 먹으면 안 돼!" 같은 제약에도 놓인다.

원하는 게 있어도, 이미 존재하는 사회적 규칙에 따라 요구해야 한다. '엄
마의 모든 것'이 되고 싶다는 욕구는 엄마 아빠의 대화에 끼어들어 물을 달라
는 요구로, 때로는 꾀병으로 왜곡되어 나타날 수밖에 없다. 이처럼 욕구가 사
회적 억압에 의해 왜곡되는 틈바구니에서 결핍과 욕망은 자라난다.

실제 내가 아닌 거울에 비친 나, 타자로서 엄마의 눈에 비친 '나'를 진짜라
고 오해하며 삶의 출발선에 섰음을 떠올려보자. 게다가 우리가 사는 세상은
나와 상관없이 이미 존재하는 규칙을 지니고 있음을 생각해보자.

내가 원하는 욕망들, 예컨대 미모, 고급 외제차, 명품들은 과연 나의 순수
한 욕망일까? 태어난 시점부터 내가 아닌, 거울에 비친 다른 사람의 눈으로
나를 보고, 자라면서는 이미 존재하는 세상으로부터 강요받고 지정받은 왜곡
된 욕망 때문은 아닐까? 그렇게 '인간의 욕망은 타자의 욕망'이 된다.

거울단계의 아기든, 사회인이 된 성인이든, 인간은 모두 욕망의 욕망을
추구하는 동시에 '타인의 욕망을 욕망하기에' 해결될 수 없는 순환미로에
갇힌 존재라는 것이 라캉의 생각이었다.

엄마의 욕망에 갇혀 떠나지 못하는 아이

엄마와 아빠는 아이에게 부족함이 없는 상태를 원한다. 그런데 앞서 말했 듯 인간의 욕망이란 타자의 욕망이며, 그것은 온전히 채워질 수 없는 어떤 것 이다. 아이가 반에서 1등을 해도, 명문대에 들어가도, 좋은 직장, 훌륭한 배 우자를 얻어도, 아이의 근원적 결핍은 말할 것도 없고 엄마 아빠의 갈증은 메 워질 수 없다.

인간 인식의 출발점이 거울에 비친 허상을 나와 동일시하고 그 허상이 진 짜라고 믿었던 상상계에서 시작됐음을 떠올려보자. 거울 속 대상이 아니 라 거울 밖에서 지켜보는 내가 진짜라는 것에 대해 성찰하지 않는다면, 즉 지 금 상황이 어떻게 돌아가는지 객관적인 관찰자의 눈으로 지켜보지 않는다면, 상상계와 상징계가 뒤섞인 현실의 비극은 연장될 것이다.

허상은 진짜 같지만 허상일 뿐이다. 허상의 특징은 자꾸만 모습을 바꾸는 데 있다. 더 좋은 장난감, 교육 환경, 더 좋은 스펙…… 그러나 우리가 손에 쥐는 것은, 박남수 시인의 시처럼 '매양 쏘는 것은 피에 젖은 한 마리 상(傷) 한 새에 지나지 않는' 비극과 마주하게 된다. 그럼에도 엄마 아빠가 이를 외 면하고 인정하려 하지 않을 때 문제는 발생하게 된다. 왜냐하면 아이는 떠나 려던 걸음을 멈추고 엄마 아빠의 헛된 욕망에 부응하려 최선을 다할 것이기 때문이다.

"엄마, 걱정 마세요. 제가 엄마의 결핍과 욕망을 채워드릴게요."

가엾은 이 아이는 착하다. 커가는 동안 단 한 번도 속을 썩이지 않을지 모른다. 부모의 기대에 한 치의 부족함 없이 클 수도 있다. 하지만 그런 아이는 출구 없는 가혹한 미로에 갇힌다. 낯선 세계로 떠나야 할 때 떠나지 못한 이야기의 주인공이 된다. 일상에 갇혀 아무도 주목하지 않고 스스로 아무것도 결정하지 못하는, 오로지 부모의 덧없는 욕망을 대리하는, 거울 속의 허상과 같은 이미지로 남게 될 것이다.

엄마 아빠의 인생이 아름다워야 할 이유

너무 먼 곳을 돌아왔다. 자, 이제 다시 질문을 되새겨보자.

"혹시 우리 아이에게도 결핍이 필요한 걸까요? 그런 결핍은 어떻게 알려줘야 할까요?"

이 질문에 대한 답은 어떠해야 할까? 정답 찾기의 형태로는 답하기 어려운 질문이라는 데 동의할 것이다. 엄마 아빠가 해야 할 일은, 아이의 결핍과 욕망보다는 부모로서 혹은 인간으로서 나의 욕망의 정체를 투명하게 들여다보는 것이다.

우리는 먼저 인정해야 한다. 나의 욕망과 결핍의 정체가 채워질 성질의 것이 아님을…… 더 나아가 아이를 이용해서는 더더욱 채워질 수 없는 것임을…… 그다음, 내가 아이를 위한 것이라고 믿고 안달하는 여러 조건들이 실제로는 나를 위한 것, 혹은 사회적 이름표를 달고 있는 누군가의 욕망이 아니었는지 돌아봐야 한다.

이제 스스로 질문을 던질 때가 왔다.

> "우리 아이의, 그리고 나의 근원적 결핍과 욕망을 모조리 채우는 것이 과연 가능한가?"

아이의 결핍과 욕망을 해결해줄 수 없다는 것이 무력하다는 의미는 결코 아니다. 그것은 엄마 아빠도 아이와 다를 바 없는, 인생이라는 이야기의 여행자임을 깨닫는 일이다.

사회가 만들어낸 욕망을 욕망하며 살지 않고 깨어 있겠다는 결심이다.

저 너머 무지개를 찾아 떠나는 여행의 주인공은, 그러니 아이보다 언제나 엄마 아빠가 우선이다. 엄마 아빠가 힘찬 날갯짓으로 날아오를 때 아기새도 날아오른다. 아이에게 다 해주지 못한 자책감의 굴레를 벗어던지고, 엄마 아빠가 자기 인생의 멋진 주인공으로 살아야 할 이유다.

인간은 대상이 허상임을 알 때 그것을 향한 집착에서 벗어날 수 있고, 자신의 시선 속에 타인을 억압하는 욕망의 시선이 깃들어 있음을 깨달을 때 좀 더 쉽게 타인을 이해할 수 있다.

-자크 라캉의 『욕망 이론』 중 해설 '라캉의 욕망 이론'(권택영)에서

5. 실전 법칙 1
: '부족한 주인공의 이야기' 만들기

'부족한 아이가 주인공인 이야기'를 만드는
아빠의 창작 사례

초보 창작자인 아빠는 아이를 슬쩍 돌아봤다. 녀석의 눈이 똥그래졌다.

"뒷이야기는 내일 해줄게. 이제 자자~"

하지만 그 말이 먹힐 리가 없다.

"아빠~~ 조금만 더…… 포코코 이야기 다 듣고 잘 거야!"

아이의 표정을 보니 이야기는 성공적으로 풀려가고 있는 듯하다. 하지만 '내일 출근은 어떡하지? 늦게 재우면 어린이집 가는 시간까지 늦잠 잘 텐데……' 등의 걱정이 밀려왔다. 그러다가 감질나게 끝나는 드라마의 아쉬움이 생각났다. 아들의 간절함이 이해될 법도 했다. 아빠는 이런저런 걱정은 저만치 미뤄두고 이야기를 계속하기로 했다.

'지난 글에 보니까 부족한 주인공이 이야기를 끌어간다고 하던데……'

아빠는 다음 이야기를 생각하며 부족한 부분들을 찾아봤다.

마을에 건기가 찾아와 먹을 게 없어졌다(결핍). 그 때문에 포코코는 더 열심히 낚시를 해서 큰 물고기를 잡아가고 싶어 한다(욕망). 아쉽지만 이렇게나마 결핍과 욕망의 발생이 어느 정도 설명된 것 같다. 게다가 사자가 사는 낯선 땅에 들어왔으니, 집을 찾아 돌아와야 하는 이유도 자연스럽게 이어진다. 이야기 흐름에서의 결핍은 이렇게 갖춰졌다.

아빠는 이에 만족하지 않고, 주인공에게 부족함이 있는지를 생각해보았다. 앞의 이야기만으로는 주인공에게 어떤 개인적인 결핍이 있는지 잘 드러나지 않았다. 아빠는 아들의 얼굴을 보다가 문득 생각이 떠올랐다. 아들이 다섯 살이 되면서 형과 동생이라는 말을 부쩍 많이 했다. 외동아들이라 부모의 사랑을 독차지하긴 하지만, 그것만으로는 부족한가 보다 하던 참이었다.

　‘그래, 포코코도 형과 동생이 없는 걸로 하자! 거창한 결핍은 아니지만 이 정도면 충분하겠지……’

자, 이제 이야기 흐름상의 결핍과 욕망도 갖춰졌고 주인공에게도 결핍이 생겼다. 그런데 사자가 사는 낯선 땅에서 대체 어떤 사건이 벌어져야 하는 거지? 아직 사건 만드는 법은 안 배웠는데…… 아빠는 막막해하다가 포코코의 결핍이 떠올랐다. 그리고 ‘그래! 형제가 없으니 동생이 생기는 걸로 하면 어떨까?’ 하는 생각에 이르렀다.

'훗, 아들을 위해 이야기를 만드는 것도 낯선 세계를 여행하는 것
과 다를 바 없구나……'

아빠는 몸을 돌려 아들에게 팔베개를 해줬다. 초보 창작자로서 점차 자신
도 이야기에 빠져들고 있음을 느끼며 입을 열었다.

포코코가 어디에 왔다고 했지?
그래, 족장님이 가지 말라고 했던 검은 강 너머에, 거대한 물고
기와 함께 떠내려와 있었어.

포코코는 바로 족장님의 말씀을 떠올렸어.
'빨리 강에 뛰어들어서 마을로 헤엄쳐 돌아가야겠다.'

그런데 문제가 있었어. 물고기와 씨름하느라 너무 멀리 떠내려
와 있었던 거야. 이제 강 저편으로 헤엄쳐 가는 건 불가능했어. 그
곳은 악어와 하마가 득실대는 곳이었거든. 포코코는 어쩔 수 없이
큰 물고기를 들쳐 메고는 강 위쪽으로 올라간 다음 헤엄쳐 가기로
했어. 포코코는 걷고 또 걸었어. 눈물이 났고, 엄마 아빠가 보고 싶
었지만 꾹 참았어.

'이제 조금만 더 가면 될 거야……'

그런데 그때, 큰 갈대숲 쪽에서 소리가 들리는 거야. 그 소리는 처음엔 작았어. 부스으럭, 부스스럭.

포코코는 걸음을 멈추고 숨을 참았어.

'혹시 무시무시한 사자…… 이름이 뭐랬지? 그래, 심바가 나타난 건 아닐까?'

그때 또 부스럭 부스럭.
……
부스럭 부스럭.
……

포코코는 너무 겁이 나서 몸을 땅바닥에 붙이고 바짝 엎드렸지. 그런데 갈대숲에서 갑자기 끼잉끼잉 하는 소리가 들리는 거야. 고개를 들어보니, 누구였을까?

노란 털이 복실복실한 귀여운 아기사자였단다. 아기사자는 몸을 파르르 떨고 있었어. 포코코는 "어떤 소리에도 신경 쓰지 말고 마을로 돌아와야 한다"는 족장님 말씀이 생각났어. 하지만 길 잃은 아기사자를 보니 자기 처지와 비슷하단 생각이 들었어.

'얼마나 무서울까…… 얼마나 배고플까…… 얼마나 엄마 아빠가

보고 싶을까……'

포코코는 아기사자를 안아주었어. 아기사자는 포코코의 마음을 아는지 얼굴을 핥아줬어. 포코코는 일단 물고기 살점을 씹어서 부드럽게 만들어 아기사자에게 먹여줬지. 오물오물 고기를 씹는 아기사자를 보면서 얘가 내 동생이면 좋겠다고 생각했어. 포코코는 형도 동생도 없었거든……

"걱정 마, 내가 지켜줄게. 모습은 다르지만 이제부터 우린 형제야……"

포코코와 기운을 차린 아기사자는 함께 걷기 시작했어. 물소 떼와 코끼리 가족의 행렬을 피하고, 독수리가 나타나면 갈대숲에 숨으며, 그렇게 드디어 마을로 돌아갈 수 있는 강변에 도착했어. 포코코는 동생과 함께 강을 바라보았지. 검은 강에 포코코와 아기사자의 그림자가 비쳤어.

"이제, 강으로 내려가야겠어."

포코코가 아기사자를 어깨에 올리려는데, 그림자가 움직이는 거야. 처음엔 잘못 본 줄 알았지. 그런데 자세히 보려고 몸을 기울인 순간, 그 그림자가 훌쩍 뛰어올라 앞을 막아섰어.

누구였을까? 바로 얼룩덜룩한 무늬가 있는 표범이었어. 몸 여기 저기 흉터가 많은 무서운 표범이었던 거야. 그 녀석은 큰 발과 꼬리를 흔들어대며 둘을 노려봤어. 포코코는 표범이 노리는 게 아기 사자라는 걸 깨달았지. 사냥터를 더 넓히기 위해 표범이 아기사자를 닥치는 대로 죽인다는 이야기를 들은 적이 있거든……

만약 아기사자를 버리고 그대로 강에 뛰어들면 포코코는 집에 갈 수 있을 거야. 하지만 그러면 표범이 아기사자를 물어 죽일지도 몰라. 이제 어떡하지? 어떡하면 좋지?

포코코는 옆에 있는 나뭇가지를 꺾어 쥐었어. 손과 발이 덜덜 떨렸지만 한 발짝도 물러서지 않았어. 아기사자도 마찬가지였어. 크악 하는 날카로운 소리를 내면서 표범과 맞섰지. 포코코는 아기사자를 꼭 안으며 이렇게 말했어.

"용감하게 싸울 거야! 우리는 형제니까!"

그때 표범이 '크하앗' 소리를 지르며 하늘로 뛰어올랐어.

(계속)

'부족한 주인공의 이야기'를 만드는
짧은 TIP 3가지

초보 창작자로서 아빠는 고군분투하며 이야기를 만들고 있다. 무엇보다 아이뿐 아니라 창작하는 아빠도 이야기에 빠져들고 있다는 점이 보기 좋다. 스스로 이야기를 만들면서 지루해하면 듣는 사람도 재미없어한다는 건 창작의 불문율이다.

결핍이라는 주제는 사실 창작에서 많은 영역과 연관되어 있다. 그것은 이야기 자체에 존재하는 '결핍'일 수도 있고, 기교로서의 '결핍'인 동시에, 이야기를 만드는 과정에서의 '결핍'일 수 있다. 여기서는 바로 이 세 가지 결핍에 대해 설명하고자 한다.

1. 주인공의 심리적 결핍을 세심히 살펴라.

아빠는 '부족함'에 대해 여러 가지를 생각하고 있다. 이야기에서 드러나는 결핍—마을에 닥친 가뭄이라는 설정—은 고급스럽게 말하면 플롯 층위에서 이뤄지는 결핍과 욕망이다. 그런데 아빠는 놀랍게도 주인공인 포코코(캐릭터)의 심리적인 결여까지 살펴보고 있다.

'떠나는 이야기'의 주제는 '성장'이다. 단순히 키가 크거나 수염이 나는 성장이 아니라, '내면의 성장'이다. 그렇다면 임무의 부여와 달성이라는 단선적 플롯보다는, '완벽한 인간을 향해 성장'해가는 심리적 측면이 그려질 때 더 깊은 인상을 남길 수 있음은 당연하다. 조지프 캠벨은 『천의 얼굴을 가진 영웅』에서 다음과 같이 설명한다.

신화와 동화 고유의 사명은, 비극에서 희극에 이르는 어두운 뒤안길에 깔린 특수한 위험과 그 길을 지나는 기술을 드러내는 일이다. 신화나 동화에서 일어나는 사건들은 환상적이며 '비실재적'이기 때문에, 이들이 표상하는 것은 심리적인 승리지 육체적 승리는 아니다.

대중적인 할리우드 영화나 만화의 경우, 예전에는 '슈퍼 히어로'가 악당을 물리치고 지구를 구하는 단선적인 플롯, 즉 임무와 달성의 패턴이 많았다. 하지만 최근에는 그렇지 않음을 알게 된다.

샘 레이미 감독의 영화 〈스파이더맨〉은 세상을 구하는 내용이 큰 줄기이지만, 주인공의 복합적인 심리적 문제(부모의 결핍, 삼촌의 죽음에 대한 죄책감)도 세심하게 묘사한다. 크리스토퍼 놀란 감독의 배트맨 시리즈는 브루스 웨인(배트맨)이 겪는 내면적 공포와 도덕적 갈등에 주목한다. 결여가 플롯뿐 아니라 캐릭터에도 드러나면서, 결핍과 욕망이라는 주제는 훨씬 정교하게 직조된다. 우리는 '지구를 구해줘서 정말 다행이다'라는 안도감과 동시에, 그 투쟁을 통해 '히어로, 당신 마음도 좀 편안해졌다니 다행이에요, 진심으로……'라는 공감적 카타르시스를 느끼게 된다.

이처럼 이야기에서 '성장'이란 심리적 용어에 가깝다는 점을 생각해보면, 주인공의 심리 차원의 결여, 결핍을 세심하게 살피는 건 당연하다.

2. 상상의 공간을 만들어라.

어린 시절 동양화에 대해 배울 때 '여백의 미'라는 말을 많이 들어봤을 것이다. 아름다운 선과 농담濃淡으로 가득 찬 그림 한편에 텅 빈 채 남겨진 하얀 화선지의 공간. 그 비어 보이는 공간이 중요한 이유는, 실제로는 진짜 이야기와 상상력이 가득한 공간이기 때문이다.

지브리 스튜디오의 애니메이션 〈추억은 방울방울〉에서 타에코라는 아이는 이 공간 활용의 방식을 멋지게 보여준다. 타에코는 학교 연극에서 '마을사람1'이라는 보잘것없는 배역을 받아 든다. 그러나 소녀는 이에 실망하지 않고 어떻게 연기할까 고민을 거듭한다. 처음엔 대사를 늘려본다. 일단 공간을 꽉 채워보는 것이다. 하지만 여의치 않다. 단역들이 다 자기 분량을 늘려버리면 연극은 엉망이 될 테니까.

고민을 거듭하던 타에코는 결국 빈 공간, 여백을 활용한 연기를 스스로 깨우치게 된다. 많은 학부모와 학생들이 지켜보는 가운데 연극무대 위에 선 타에코는 보잘것없는 마을사람1을 연기하면서 "까마귀가 집으로 돌아간다!"라는 대사를 한다. 그런데 타에코는 대사를 마치고 나서 무대 저 너머에서 날아오는 까마귀가 집으로 돌아가는 모습을 눈빛으로 좇는다.

유치한 연극에 따분했던 관객들은 작은 아이의 시선을 좇아 무언가에 홀린 듯 까마귀가 날고 있는 방향으로 눈을 돌린다. 상상의 까마귀는 빈 공간을 가득 채우며 동쪽에서 서쪽으로 천천히 날아간다. 그 잠깐의 여백은 학예회 수준의 이야기를 전혀 다른 시공간으로 이끈다.

초보 창작자인 아빠도 나름대로 이 방식을 잘 활용하고 있는 듯하다. '부스럭' 소리를 내고는 바로 이야기를 시작하지 않고, 아이가 충분히 그 위험한 순간을 즐기고 상상할 수 있게, '시간의 여백'을 마련해줬다. 형제의 용기에 방점을 둔 함축적인 간결한 대사도 나쁘지 않다.

이처럼 이야기에 정작 필요한 것은 어쩌면 산이나 나무가 아니고 산 능선을 날고 있는 상상이라는 까마귀일지 모른다. 이야기든 강연이든 PT든 중요한 부분에서는 듣는 상대가 상상할 수 있는 여백을 만들어줘야 한다. 그것은 말에서는 비어 있는 순간일 수도 있고, 글에서는 장황한 수식어보다 하나의 문장, 하나의 단어일 수 있다.

<u>어떤 이야기에서든 반드시 기억할 것은, 상상의 까마귀가 날아갈 빈 공간을 찾고 만드는 일이다.</u>

3. 열악한 환경에서도 이야기를 만들어라.
아빠는 내일 출근이 걱정이고, 아들 어린이집이 걱정이다. 사실 마음의 여유도 없고 시간도 없다. 그런데 어떻게 이야기까지 만들어준단 말인가!

여기 방송사에 갓 입사한 신입PD가 있다. 그에게 일이 떨어진다.

"이틀 뒤에 개최되는 행사 홍보영상을 만들도록!"

신입PD는 스태프 지원과 제작 예산에 대해 물어본다. 돌아오는 대답은 당연히 "별로 없다"이다. 툴툴거리는 것도 잠시, 나름 여기저기 뛰어다니며 열심히 영상을 만든다. 이윽고 부서에서 신입PD가 만든 콘텐츠의 시사가 열린다.

부장부터 선배들의 혹독한 비판이 이어진다. "이건 이래서 안 되고, 저건 저래서 문제고……" 신입은 눈물이 쏙 빠진다. 비판이나 비평 때문이라기보다는 서운함 때문이다. 예산도, 스태프도 부족했고, 무엇보다 시간이 촉박했음을 모두가 아는데, 그들은 오로지 결과물에 대해서만 말하고 있는 것이다.

개인적으로는 그리 좋은 교육방법이라고 생각하지 않지만, 어쨌든 제작하는 사람이 반드시 알아야 할 교훈이 그 안에 숨어 있다. 시청자나 콘텐츠를 소비하는 사람들은 제작자의 사정을 모른다는 것, 관객은 오로지 결과물로만 좋고 나쁨을 판단한다는 것이 그 교훈이다.

우리는 언제나 스토리텔링에 있어서 기교적인 영역이나 스토리 내부에서 발생하는 플롯과 캐릭터가 중요하다고 배운다. 하지만 앞서 신입PD의 예에서 보았듯이 정작 창작에 필요한 외부적 조건들, 이른바 이야기 밖 결핍에 대해서는 아무도 말하지 않는다.

뛰어난 작가, 감독, PD가 만든 작품에 대해서는 이렇다 저렇다 비평을 하지만, 그들이 어떤 시간에, 어떤 예산과 조건을 가지고 작품을 완성했는지에는 관심이 없다. 확신을 가지고 말하건대 모든 조건이 완벽하게 갖춰진 상태에서 탄생하는 작품은 하나도 없다.

작가는 몸이 아프거나 카드 연체를 해결해야 하고, 감독과 PD는 투자자들의 시도 때도 없는 전화에 응대하는 한편 예산 절감 압박과 데드라인에 쫓긴다. 현실의 영역에서 모든 조건에서 자유로운 창작자는 아무도 없다. 그들의 창작 과정 자체는 이야기와 다를 바 없는 결핍과 결여, 부족, 그리고 부재와의 투쟁이다. 그리고 역설적으로 이러한 조건을 창작의 영역으로 받아들이느냐 마느냐에 따라 훌륭한 창작자와 그렇지 않은 사람이 갈린다.

뛰어난 기획자, 작가, 감독, 프로듀서는 작품의 일부로서, 자신에게 주어진 한정된 재정과 자원들에 대해 늘 생각한다. 그리고 그렇지 못한 창작자는 불평한다. "아니, 이 예산으로 이 기간 안에 어떻게 만들어요? 나한테 지원만 충분했다면 훨씬 좋은 작품을 만들 수 있었을 텐데……"

주어진 결핍을 인정해야 한다. 우리는 결핍투성이인 인생살이에서 그 점을 배워왔다. 결핍과의 투쟁 속에 창작의 뮤즈는 선물처럼 찾아온다.

거창하게 말하자면, 결핍과의 투쟁 안에서 최선의 결과물을 만드는 것이 현대사회를 사는 스토리텔러들의 임무다.

* 글 만들기와 관련한 보다 심화된 내용은 책 말미에 실린
  '부록 2. 이야기 공장의 하루'를 참고하시기를.

'부족한 아이가 주인공인 이야기'의 심화학습 TIP 3가지

(1) 주인공 캐릭터 내면의 결핍을 반드시 생각하세요.
(2) 상상력이 발휘될 공간이 되는 '장면 / 단어 / 문장'을 만들어보세요.
(3) 열악한 조건에서도 이야기를 만들 수 있는 방법을 찾아보세요.

6. 창작 법칙 2

: 주인공은 두 가지 길로 여행한다.

캄캄한 방을 지나 책 가져오기

요즘 부쩍 '무시무시한 유령'이라는 단어를 입에 달고 사는 아들에게 말한다.

"네 방에 가서 공룡책 가져올래? 자기 전에 읽어줄게."

아들은 "아빠가 갖다줘~"라고 말하지만, 눈치 없는 아빠는 꿈쩍 않는다.

"그래? 그럼 오늘은 책 읽지 말고 그냥 자자."

아이는 입을 삐죽이며 아빠를 원망스레 바라본다. 피곤한 아빠는 벌써 끔뻑이던 눈을 감으려 한다. 아들 녀석은 자리에서 일어나 발뒤꿈치를 들고 캄캄한 주방을 지나 자기 방으로 간다.

"아빠 거기 있지?"

좁은 집에서 몇 번이나 큰 소리로 확인하는가 싶더니, 자기 방 불을 켜고 뒤적거리는 소리가 들린다. 잠시 후 아이는 책을 들고는 '우다다다다' 쏜살같이 침대로 뛰어온다.

"아빠, 여기 있어! 내가 가져왔어! 공룡책!"

"와~ 혼자서 불 켜고 책을 찾아온 거야? 유령 없었어?"

"응!"

고개를 끄덕이는 아들의 얼굴에는 미소가 가득하다. 아빠는 아들을 안아준다.

아이가 세계를 여행하는 두 가지 방법

우리는 흔히 이야기가 재미있는 것은 그 안에 담긴 사건이 재미있기 때문이라고 믿는다. 그래서 흥미진진하고 멋진 사건에 대한 아이디어를 찾느라 시간을 보낸다. 그런 면에서 보자면 공룡책을 침대로 가져오는 이야기는 대수롭지 않다. 저런 단순한 사례가 어떻게 멋진 이야기라고 할 수 있을까?

지금까지 우리는 이야기와 동화 창작의 법칙들 중 두 가지를 살펴봤다. 망설일 것 없이 위의 사례에 훌륭한 이야기의 요소가 담겨 있는지를 살펴보자.

'이야기는 일상을 떠나면서 시작된다'는 것이 첫 번째 법칙이었다. 아이는 침대를 떠나 불 꺼진 자신의 놀이방으로 '떠난다'. 게다가 일상에서 낯선 곳으로의 여정도 잘 드러난다. 일상은 '아빠가 있는 안전한 침대'이고, 낯선 곳은 '유령이 나올지 모르는 불 꺼진 놀이방'이 된다.

두 번째 법칙은 결핍과 욕망이 있어야 한다는 것이었다. 아이는 아마도 잠을 자기 싫은 듯하다. 그래서 잠자리에 드는 시간을 늦추기 위해 아빠에게 책을 읽어달라고 한다. 하지만 아빠는 책까지 가져다줄 마음은 없다. 이 지점에서 아이의 결핍과 욕망이 발생한다. 늦게 자기 위해서든 책을 읽기 위해서든, 아이는 지금 자기 손에는 없는 책을 가져와야만 한다. 심각한 말로 정리하면 '캄캄한 방에서 책 가져오기'는 '결핍의 충족을 위한 욕망의 여정'이다.

신기하게도 단순한 일상의 장면이 이야기로 만들어지고 있다. 그렇다면 세 번째 법칙은 무엇일까? 그것은 '사건'과 관련되어 있다. 여기서 주요한 사건이란 무엇일까? 그것은 불 꺼진 방에서 책을 가져오는 것이다. 이야기의 주인공으로서 아이에게 주어진 임무는 '혼자 힘으로 책을 가져오는 것'이기 때문이다.

하지만 더 중요한 사건을 혹 눈치채셨는지? 바로 아이의 마음속에서 벌어지는, 두려움과의 치열한 싸움이라는 사건 말이다.

사건의 두 가지 측면 : 외부와 내면의 여행

모든 이야기에는 '부족한 사람이 떠나는 여정' 외에도 동화의 핵심을 이루는 '사건'이 있다. 그런데 대부분의 경우에 '이야기의 소재＝재미있는 사건'이라는 도식에 집착하다 보니 훨씬 더 중요한 부분을 지나치는 경우가 많다.

예를 들어 어떤 작가가 땅의 세계에 사는 왕자님을 사랑하게 된 인어공주 이야기를 떠올렸다고 해보자. 인어공주가 자신의 목소리를 팔아 다리를 얻게 되었지만, 왕자는 엉뚱한 여자와 결혼을 해버리는 사건까지 흥미진진하게 펼쳐진다. 자신의 이야기에 빠져든 작가는 신나게 글을 썼다. 그런데 이상하게도 동화는 별로 팔리지 않았다. 아이들도 심드렁하다. 이게 도대체 어떻게 된 걸까?

작가가 간과한 점이 있다. <u>이야기에 있어 사건은 하나가 아니라 두 가지라는 사실</u>을 말이다. 크리스토퍼 보글러는『신화, 영웅, 그리고 시나리오 쓰기』에서 이렇게 말한다.

> 훌륭한 스토리는 적어도 두 방향의 여행─외부로의 여행과 내면으로의 여행─으로 이끈다.

작가가 놓친 것은 무엇일까? 환상적인 아이디어나 착상으로서의 이야기 소재는 외부에 있는 사건을 의미하지만, 독자 혹은 청자에게 진짜 감동과 마음의 전율을 주는 것은 내면의 사건에 있다는 점이다. 왕자를 사랑하는 인어공주의 복잡한 심경과 깊은 사랑에서 우러난 자기희생이 드러나지 않는다면 인어공주 이야기는 마음에 와 닿지 않을 것이다.

캄캄한 방에서 책 가져오기도 마찬가지다. 공룡책을 가져오는 것은 사건이다. 책을 가지러 가는 도중에 블록을 밟을 수도 있고, 공룡책이 놀이방에 없어서 다시 소파로 가야 할 수도 있다. 사건 자체로도 재미있을 법한 여정이다. 아이에게 임무가 부여되면서 출발했기에 주인공인 아이가 임무를 완성하면 이야기는 바로 그 지점에서 끝나고 만다. 반면 내면의 이야기는 임무의 부여 단계부터 시작되어 임무가 완성된 이후까지 지속된다. 의기양양한 미소와 흥분한 목소리로 알 수 있다.

우리는 아이가 낯선 곳을 여행하는 이유나 부족한 아이가 욕망을 성취하는 과정이 모두 '성장'과 관련되었음을 알게 되었다. 그리고 그 성장은 단순히 잃어버린 물건을 되찾아오는 것이 아님을 알고 있다. '성장'은 임무의 완성이 아니라 내면에 대한 이야기다. 동화 창작의 세 번째 법칙은 그런 원리로 만들어졌다.

동화 창작 0의 법칙 : 이야기는 떠나면서 시작된다.
동화 창작 1의 법칙 : 주인공에겐 절실한 부족함, 결핍이 하나(1) 있어야 한다.
동화 창작 2의 법칙 : 사건은 언제나 두 가지(2) 여정이다.

부모는 성장과 내면 스토리텔링의 전문가다.

대학교에서 학생들과 공부할 때 간혹 난처한 상황에 다다르곤 한다. 재미있어야 할 스토리텔링 이론이 전혀 재미있지 않다는 점이다. 특히 '소명의 거부', '고래의 배', '어둠의 바다', '동굴 가장 깊은 곳', '자격시련' 등 프로프나 조지프 캠벨의 구조주의 이론들, 카를 융의 분석심리학, 그레마스 기호학까지 아우르는 난해한 용어의 바다는 학생들을 좌절시키기에 충분하다.

선생으로서 교수법을 고민하던 중 나는 가끔은 엉뚱한 생각을 하곤 한다. 아이를 키우는 부모라면 이런 개념을 더 쉽게 받아들일 수 있지 않을까?

예컨대 프로프와 캠벨, 보글러가 언급한 '소명의 거부'에 대해 설명해보자. 그냥 기계적으로 '아, 순서상 임무가 부여되면 주인공은 일단 거부하는구나'라고 이해하는 것은 50점짜리 답변이다.

부모들은 이것을 어떻게 이해할까? 공룡책을 가져오라는 임무를 받은 아이를 보자. 아이는 일단 '임무'를 거부하며 "아빠가 갖다줘"라고 말한다. 여기서 부모가 보는 것은 아이가 임무를 거부하는 이유다. 습관적인 것도, 귀찮거나 피곤하기 때문도 아니다. 아이가 거부하는 이유는 어둠 속에 사는 무시무시한 유령이 나타날지 모른다는 두려움 때문이다. 부모는 아이의 내적 갈등의 실체를 직시한다.

이것이 이야기의 흐름 속에서 '소명의 거부'라는 용어의 의미다. 공룡책을 가져오는 사건이 중요한 게 아니다. 아이의 마음속에서 벌어지는 치열한 싸움이야말로 진짜 사건, 진짜 이야기의 시작이다. 그리고 두려움과 결핍의 욕망

사이에서 망설이던 아이가 벌떡 일어나 어둠을 향해 조심스럽게 발을 떼는 순간, 아이는 모험의 주인공이 될 자격을 갖추게 된다. 이야기의 주인공도 마찬가지다.

내면의 사건으로서 '고래의 배'를 여행하는 안내서

그렇다면 내면적 사건은 대체 어떤 원리를 가지고 있는 것일까? 그걸 안다면, 이야기 창작에 혹은 나와 아이의 삶에 적용할 수 있지 않을까?

카를 융은 『영웅과 어머니 원형』이라는 책에서 '모든 열정 중에 우리에게 가장 잘 알려져 있지 않은 타성'에 대해 인용한다. 그 타성이란 고요한 만족의 상태다. 어머니가 갓난아이의 모든 결핍을 채워주는 상황과 닮아 있다.

하지만 어머니의 모습은 두 가지다. 어머니는 (또는 아버지는) 아이의 결핍을 채워주고 끝없는 사랑을 주는 존재인 동시에, 아이의 성장을 방해하는 존재이기도 하다. 어머니의 사랑이 있어야만 성장할 수 있지만, 동시에 어머니 품에만 안겨서는 제대로 성장할 수 없다.

이 딜레마는 성장이라는 내면의 사건을 구성하는 핵심축이다. 세계 곳곳에서 공통적으로 발견되는 꿈과 신화, 이야기, 성경 속 수많은 일화가 바로 이 주제를 다룬다. 우리의 선조나 위대한 학자들, 이야기꾼들은 고민했다.

'도대체 사랑과 타성의 감옥에 갇힌 인간은 어떻게 성장하여 영 웅(어른)이 될 수 있을까?'

멀리서 찾을 것 없이 답은 자연에 있다. 나비는 애벌레로 오랜 기간을 산다. 그리고 고치를 만들어 번데기가 된다.

어린아이로서의 우리는 모두 애벌레와 같다. 전혀 다른 존재로서의 나비(영웅, 어른)가 되기 위해서는 반드시 번데기 단계를 거쳐야 한다. 그것은 죽음과 닮은 시간이다. 고치 속에서 애벌레 몸 안의 모든 장기는 모조리 녹았다가 새롭게 구성된다. 이른바 죽음과 부활의 과정이다. 카를 융은 꿈과 신화의 해석을 통해, 앞서 잠깐 말한 '고래의 배', '어둠의 바다', '동굴'이 상징하는 바를 이와 같은 재탄생의 의미로 이해했다.

우리는 이제 주인공이 처음부터 영웅으로 태어나지 않았음을 안다. 그는 평범한 누군가의 아들, 딸이었을 뿐이다. 지루하지만 딱히 부족한 것도 없었던, 타성에 젖은 일상을 살던 사람이었다. 하지만 어떤 이유로 그들은 일상을 떠나게 된다. 그리고 낯선 세계에서 만난 유령, 악당, 사건과 사고 앞에서 주인공은 약해진다. 캄캄한 동굴, 바다, 고래의 배 속과 같은 심리적 어둠이 사위를 감싼다. 그곳은 어머니의 자궁, 어머니의 품을 닮은 어둠이다. 그 축축한 밤에 잠겨 나를 위해 모든 걸 희생할 어머니가 있는 고향을 떠올리며 흐느낀다.

스토리텔링 이론에서 말하는 '고래의 배'나 '동굴'은 하나의 이론적 과정이 아니다. 그것은 영웅이 될 자격을 갖추기 위해 필요한 '번데기' 시기를 뜻한다. 심리적인 동요와 나약함이 극대화되는 시기이며, 두려움에 몸이 녹아내리는 단계. 이 부분의 묘사가 이야기에 감정적 설득력을 불어넣는 것은 물론이고 이야기의 성패를 좌우한다.

당연히 아이의 성장이나 우리의 인생살이에도 몸이 녹아내릴 것 같은 고통의 시기, 번데기 시기가 있어야 함은 물론이다.

영웅은 언제나 고치를 깨고 나오는 사람이다.

영웅은 언제나 고치를 깨고 나온다. 그 깊고, 어찌 보면 안락한 어둠 속에 머물지 않는다. 그대로 머문다면 번데기에 갇혀 진짜 죽음을 맞이하게 될 것임을 알기에, 영웅은 껍질을 깨고 나온다. 그것은 어머니에 대한 그리움과 사랑을 인정하는 것이며 또한 자기극복이기도 하다. 성장의 원리는 반복되는 자기극복에 달렸다.

카를 융은 이를 다음과 같이 표현한다.

"영웅은 어머니에 고착된 자로서 용(龍)이며, 어머니로부터 다시 태어난 자로서 용(龍)을 극복한 자이다."

우리는 흔히 '자기극복'에 대해 오해한다. 그것을 두려움과 공포의 '부인'이나 자신에 대한 '부정'으로 받아들이는 것이다. 이러한 태도는 자칫 자기합리화로 흐르곤 한다. 영웅은 영웅으로 태어난다는 안이한 믿음이 그것이다.

"넌 원래 자질이 있지만, 난 틀려먹었어."

내면 사건으로서의 자기극복은 무조건적인 부인이 되어서는 안 된다. 그것은 '어머니 없이는 안 되는 나약함의 인정'에서 출발한다. "넌 원래 자질이 있지만, 난 틀려먹었어"라는 말은 자기극복과 무관하다. 그러한 '자기부정'에는 잠깐의 수치심은 있을지언정, 진정한 성장통은 없기 때문이다. 연약함, 비겁함, 소심함을 인정하고 자신의 내면을 투명하게 들여다보는 일이야말로 진정 용기가 필요한 일이다. 그 사실을 깨닫지 못한다면 '성장'으로서의 나비는 결코 날아오지 않는다. 그것이 이 세계의 수많은 공통의 신화, 이야기, 꿈이 들려주는 교훈이다.

외부의 여정으로 성장을 판단하는 것

아이가 아주 어렸을 때 처가에서 처음으로 몸 뒤집기를 했다. 목에 하얀 손수건을 두른 아이가 낮잠을 자고 일어나 나와 함께 방바닥에 누워 있을 때였다. 햇살이 깊숙이 들어오는 오후에 일어난 사건이다. 나는 휴대폰 카메라를 켜고 두 번째로 뒤집기하는 순간을 녹화할 수 있었다. 그때의 흐뭇함과 감격이란……

얼마 뒤 말이라곤 잘 안 하던 녀석이 "파파", "마마"라는 말을 하기 시작했다. 영어를 가르친 적도 없는데 파파, 마마라니…… 신기해라. 돌이 지난어느 날 부들부들 엉덩이를 떨며 옆 소파를 잡고 몸을 일으켜서는 한 걸음 두걸음 걷더니 털썩 주저앉았다. 그러더니 뭔가를 각오한 듯 결연히 입을 앙다물고 또 걷기 시작했다.

부모로서 엄마 아빠가 기억하는 아이의 성장 과정은 모두 사건으로 기억된다. 그것은 몸 뒤집기, 옹알이, 서기, 걷기 등으로 이뤄져 있다. 그때 부모가느끼는 감동과 대견함의 정체는 그 사건들 자체나 시기의 빠르고 늦음에 있지 않다는 것에 동의할 것이다. 발달 시기는 아이마다 다르다. 말이 늦게 트이는 아이가 있고 걸음을 늦게 떼는 아이도 있다. 모험을 감수하는 성격과 조심성 있는 성격 정도의 차이다. 하지만 어쨌든 그 모험을 감수했다는 것, 바로 그 지점이 감동의 정체가 아닐까?

갓 세상에 나온 아이가 자신의 두 발로 서고 걷는 것은 미지의 세계를 향한첫걸음으로서 동일한 감동의 무게를 지닌다. '사람의 작은 발걸음, 인류에게는 큰 도약'이라는 말은 달에서 걸었던 암스트롱뿐 아니라 우리 아이들에게도 해줘야 하는 말이다.

그럼에도 우리는 어느 순간부터 내면의 여정 대신 외부의 여정으로 성장을 판단하는 시점을 맞이한다.

> "우리 아이는 벌써 한글을 읽어요."
> "우리 애는 영어 발음이 어찌나 좋은지……"
> "이번에 1등을 했어요."
> "좋은 대학교에 입학했어요."

아이의 내면으로 함께 여행하기

공룡책을 가져온 아이를 아빠가 안아준 이유에 대해 생각해야 할 때다. 아빠가 외부의 여정으로서 '공룡책을 가져와서' 기뻐하지는 않았을 것이다. 아빠가 아이를 안아준 이유는 따로 있다. 아이가 무시무시한 유령에 대한 공포를 이겨내고 내면의 복잡다단한 여행을 통해 '작은 성장'을 경험하고 돌아왔기 때문이다.

내면의 여정을 함께하는 방법은 이처럼 어려운 것이 아니다. 그것은 숙제 검사나 임무 달성을 확인하는 태도가 아니라, **아이의 내면을 함께 여행하고자 하는 마음가짐**에 달려 있을 뿐이다. 세 번만 보기로 한 '옥토넛'을 세 번 보고 나면 아빠가 매정하게 리모컨으로 툭 꺼버리는 대신 아이 스스로 결정하도록 하는 것이다. 그러다 어느 날 용케도 스스로 TV 전원을 눌러 끄고 돌아서서 아빠를 바라봤을 때, 감격스럽지 않겠는가? 아빠는 결혼 전 아내의 웨딩드

레스를 볼 때보다 더 놀란(과장된?) 표정으로 팔을 활짝 벌리면 된다. 아이는 뛰어와서 안긴다. 그러면 아빠는 격하게 엉덩이를 두드리며 말한다.

> "세상에서 제일 좋아하는 옥토넛을 계속 보고 싶었을 텐데, 더
> 보고 싶은 마음을 누르고 아빠랑 약속을 지켰네! 그래서 스스로 TV
> 까지 끄고 온 거야? 스스로 해낸 거야? 쪽쪽쪽!"

아이에게 자기극복이란, 또는 자기극복의 이야기란 결코 거창한 것이 아니다. 그것은 "TV 꺼라", "공부해라!", "1등 해라!"와 같은 부모가 내려준 임무의 달성에 달려 있지 않다. 순간순간 일상에서 마주하게 되는, 아이의 내면에서 일어나는 욕구 또는 두려움의 작은 싸움에 주목하는 것. 그리고 그 작은 싸움에서 이겨냈을 때 그 과정에 대해 작지만 과장된 칭찬을 해주는 것, 그뿐이다.

아이는 작은 승리의 과정을 기억한다.
그때의 성취감은 경험으로 축적된다.

진정한 용기는 나약함과 두려움을 인정할 때 찾아온다는 것을 깨달은 순간, 그리고 엄마나 아빠 품에 안겨 있고 싶을 때조차 낯선 곳으로 떠나야만 다시 엄마에게 돌아갈 수 있다는 딜레마를 깨달은 바로 그 순간,

아이는,

인간은,

성장한다.

영웅이 걸어가는 삶의 오솔길을 가로막고 그의 상승을 위협하는 모든 장애들은 은밀히 의혹과 회피의 독으로 삶의 용기를 마비시키는 무서운 어머니의 특징을 그림자처럼 지니고 있다. 영웅은 또한 그 장애를 그때그때 극복할 때마다 미소를 지으며 사랑과 생명을 주는 어머니를 다시 얻게 된다.

−카를 구스타프 융의 『영웅과 어머니 원형』 중

테티스(아킬레우스의 어머니)가 자기 자식들을 불사신으로 만들기 위하여 저승의 강물속에 빠뜨렸다는 신화가 있다. 이 비유는 훌륭하고 명백하다. 내가 말하는 잔인한 어머니는 이와 반대로 행동한다. 그녀는 자기 아이를 유약한 상태에 빠뜨려 미래에 고통을 겪게한다.

- 장 자크 루소 『에밀』 중

7. 실전 법칙 2

: '두 가지 여정의 이야기' 만들기

두 가지 여정의 이야기 만들기

'포코코 이야기'를 시작한 아빠는 이제 '아이는 두 가지 길로 여행한다'는 사실을 배웠다. 즉 이야기에는 맡겨진 임무를 달성하는 외부의 사건과 주인 공의 심리에서 벌어지는 내면의 여정이라는 두 가지 측면이 있다는 것이다.

아빠는 회사에서 새 부서로 발령받은 날을 생각했다. 인사발령은 말하자 면 외부의 사건이다. 업무 인수인계를 하고 짐을 챙겨서 다른 부서로 옮겨 새 일을 시작하는 것이 주어진 임무다. 그런데 막상 발령 공지를 보자 심경이 복 잡했다. 익숙한 부서원들과 업무를 떠나는 것에 아쉬운 마음이 들었고 한편 으로는 두려움도 있었다. 이것은 이른바 내면의 여정이다. 하나의 외부적 사 건은 필연적으로 감정적 동요라는 내면의 사건을 만들어내는 것이다.

아빠는 회사일이 떠오르자 이야기를 멈추고 생각에 잠겼다.

'새로운 사람들과 한 번도 해보지 않은 기획 업무를 잘해낼 수 있 을까?'

부서 송별회식 때 그런 심경을 슬쩍 비쳤더니 부장님이 격려하며 해주신 말씀이 생각났다.

"자네는 입사 후 줄곧 현장 업무만 했으니까, 이번 발령은 부족했던 기획 경력을 쌓으라는 배려라고 생각하게. 게다가 일이야 언제나 일일 뿐이지 뭐. 허허……"

부장님은 잠시 테이블 어딘가를 보다가 말을 이었다.

"하지만 자네처럼 젊고 똑똑한 친구 귀에 이런 상투적인 조언이 들어올 리는 없겠지. 그럼 이렇게 생각해봐. 그냥 해오던 대로 쭈욱 살면 재미없잖아? 이렇게 말야. 아쉬움이나 두려움 같은 감정도 재미라고 말야. 그러니까 뭐랄까…… 사는 재미…… 재밌게 산다는 건, 어쩌면 다를 것 없는 삶의 바구니 안에 남들보다 많은 감정을 채워 넣는 데 달린 건 아닐까?"

아빠는 온전히 동의할 수는 없었지만 어쩐지 위로가 되기도 했다. 그리고 문득 이런 생각이 떠올랐다.

'이야기에서든 인생에서든 늘 마주하게 되는 사건이란 무엇일까? 그리고 나는 무엇을 기준으로 어떤 사건은 기억하고 어떤 사건은 잊는 걸까?'

분명한 건 사건의 중요함만이 그 기준은 아니라는 점이다. 작년만 해도 골머리를 앓던 회사일이 잔뜩 쌓여 있었는데 지금은 무슨 일이었는지도 가물가

물하다. 대신 야근을 끝내고 퇴근할 때 내리기 시작한 첫눈과 입김, '아, 또 1년이 지났구나……'라는 혼잣말이 허허로워 카페에 들른 그날, 공간을 가득 채운 커피 향과 에이미 와인하우스의 목소리…… 30분간 첫눈 오는 카페에 혼자 앉아 누린 사치스러운 시간의 기억은 또렷이 떠올랐다.

'추억하고 기억되는 모든 사건은 마음이 만든 것이구나……'

아빠는 팔베개를 하고 누운 아들을 바라보며 생각했다.

> '그래, 이 녀석도 앞으로 학교 가서 공부도 하고 시험도 치르면서 좌절감을 맛볼 테지. 연애하면서 훌쩍이는 날도 있겠지…… 그때가 되면 어쩌나 걱정만 했는데, 그래! 그런 감정이 이 녀석에게도 추억과 기억을 만들어줄 것이고, 그렇게 이야기는, 인생은, 만들어지겠구나. 그게 사는 재미일 수도 있겠구나.'

어쩐지 눈물이 날 듯했는데, 아들은 아빠의 감정 따위 아랑곳하지 않고 귓불을 만지며 물었다.

> "아빠, 그래서 표범이 뛰어올라 포코코와 아기사자를 어떻게 했어?"

아빠는 아들의 물음에 빙긋 미소를 지었다. 그리고 아들의 이마에 입 맞추고는 이야기를 계속해나갔다. 사는 재미를 닮은 재미있는 이야기를……

어디까지 했더라…… 그래 맞다!

그때 표범이 '크하앗' 소리를 지르며 하늘로 뛰어올랐어. 포코코는 표범을 피해 몸을 굴려 멧돼지들이 파놓은 나무뿌리의 작은 굴 틈으로 숨었어. 표범은 포기하지 않고 날카로운 발톱으로 땅을 긁어댔지. 그때마다 표범의 발톱이 포코코에게 닿을 것만 같았어. 먼지가 이는 구덩이 속에 갇힌 포코코는 너무 무서웠어.

포코코는 물고기를 표범에게 던졌어. 표범이 물고기에게 호기심을 느끼며 다가간 순간, 몸을 돌려 갈대숲으로 뛰기 시작했어. 물론 아기사자도 함께 말야.

스스사삭 스삭스삭!

둘은 정신없이 갈대숲을 뛰었어. 얼마나 지났을까? 표범은 더 이상 쫓아오지 않았어. 포코코는 터질 듯한 가슴을 움켜쥐고 숨을 몰아쉬며 주위를 둘러봤어. 잠시 후, 표범이 따라오지 않은 이유를 알 수 있었어.

이 갈대숲은…… 족장님이 말씀하셨던 늙고 용맹한 사자, 심바가

살고 있는 곳이었던 거야······

갈대숲 한가운데서 길을 잃은 포코코는 아기사자와 함께 주저앉
았어. 검은 아프리카에 밤이 내려앉았지. 포코코는 아기사자를 품
에 안고 울었어. 이제 모두 끝이라는 생각이 들었거든. 지금 자신
을 애타게 찾고 있을 부모님이 생각났어. 엄마 아빠 말씀 더 잘 들
을걸······ 그리고 함께 놀던 친구들도 떠올랐지. 또 늘 재미있고 무
서운 이야기를 해주시던 족장님도 생각났어. 족장님은 이런 말씀을
하셨었지.

"포코코야, 아프리카의 낮은 귀여운 아기사자고 밤은 무서운 수
사자란다. 낮은 아기사자처럼 장난기 많고 평화롭지만, 밤이 되면
냉혹한 사냥꾼의 얼굴로 바뀌거든······ 하이에나, 멧돼지, 박쥐, 독
수리, 치타와 표범, 뱀 그리고 사자까지······"

족장님 말씀대로 깊은 어둠 속에서 먹이를 찾는 배고픈 짐승들
의 울음소리와 발걸음 소리, 포효하는 괴성이 들려오기 시작했어.
진짜 밤이 된 거야. 그리고 잠시 후, 포코코와 아기사자의 눈앞에
도 어른어른 불빛이 하나둘 다가오기 시작했어······

(계속)

'두 가지 여정의 이야기'를 만드는
짧은 TIP 3가지

아빠는 인사발령이라는 일상을 되새기며 두 가지 여정의 의미를 파악했다. 재차 강조하건대 인생이든 이야기든 그 구조가 결코 다르지 않다는 것이 스토리텔링의 입장이다.

우리가 배운 두 가지 여정은 사건과 마음에 대한 것이었다. 특히 모든 이야기에는 재미있고 기발한 사건도 중요하지만, 주인공이 겪는 심리의 묘사가 있어야 한다. 이야기에서의 성장은 언제나 내면의 영역이기 때문이다.

이제 심화학습 순서가 되었다. 이번에는 두 가지 여정으로 된 이야기를 만들 때 필요한 팁, 그와 관련된 관점들을 소개해보고자 한다.

1. 몸의 플롯과 마음의 플롯은 항상 함께여야 한다.
앞서 우리는 이야기를 외부의 여정과 내면의 여정, 즉 사건과 마음으로 구분했다. 물론 이는 작가나 학자마다 다르게 표현될 수도 있다. 대표적으로 미국의 연극학 교수이자 작가인 로널드 B. 토비아스는 저서 『인간의 마음을 사로잡는 스무 가지 플롯』에서 이를 '몸의 플롯'과 '마음의 플롯'이라는 용어로 구분했다.

이 용어는 이해가 쉬워 보인다. 직관적이기 때문이다. 우리가 좋아하는 영화를 떠올려보자. 〈인디아나 존스〉 시리즈는? 그렇다. 몸의 플롯이다. 액션 영화나 서부영화들은 우당탕탕 몸을 움직이는 사건이 끝없이 일어나기 때문이다. 토비아스의 말대로 이러한 이야기에서 '관심의 초점은 신체적 행동'이다. 관객은 이야기를 따라가면서 다음에는 어떤 일이 벌어질지 궁금해한다.

반면 마음의 플롯은? '인간의 본질과 관계를 파고드는' 이야기에 가깝다. 관객은 등장인물이 추구하는 의미를 따라 내면을 여행한다. 이른바 섬세한 심리묘사가 돋보이는 멜로영화나 진지한 예술작품들이 그 대상이 된다.

이러한 구분법은 창작자가 이야기를 만들 때 도움이 된다. 내 이야기는 어떤 플롯에 가까울까 생각해보면 훨씬 선명하게 주제를 잡고 이야기를 끌어나갈 수 있기 때문이다.

하지만 주의할 점이 있다. '나는 슈퍼 영웅이 주인공인, 몸의 플롯으로 된 이야기를 할 거야. 그러니 내면의 여정(마음)은 빼버리자. 속도감이 떨어지고 지루해질 수 있으니까……'라고 마음먹거나, 그 반대의 경우도 생각해볼 수 있다. 그런데 그게 과연 맞는 생각일까?

액션으로 가득한 이야기라고 해서 내면의 문제가 무시되어서는 안 된다. 반대로 마음의 플롯을 다룬다고 해서 지리멸렬한 독백으로 이야기가 전개되는 것 역시 금물이다. 토비아스도 이러한 오해를 풀기 위해 많은 문장을 할애하고 있다. 예컨대 일단 좋은 플롯은 등장인물의 성격이 변해야 하며, 깊은 의미를 담기 위해서는 도덕적 딜레마가 존재해야 한다고 말한다. 그는 더 나아가 '기발한 아이디어보다는 패턴이 중요하다'는 사실을 강조한다. 그 패턴에는 앞서 배운 대로 심리적 문제들이 이미 담겨 있기 때문이다.

요컨대 사건 없이는 내면적 여정이 없겠지만, <u>내면의 여정이 없는 사건은 아예 무의미하다는 뜻이다.</u> 아빠의 말대로 기억되는 사건은 마음이 만드는 것이기 때문이다.

2. 등장인물들은 주인공 자신의 모습이기도 하다.

보통의 스토리텔링 이론서나 서사학에서는 주인공과 등장인물 간의 관계에 대해 많은 설명을 곁들인다. 캐릭터는 이야기에서 빠질 수 없는 요소이기 때문이다. 우리는 앞선 법칙들을 통해 영웅이나 주인공은 결핍된 존재임을 알게 되었다. 이들은 결핍을 채우기 위해 욕망을 품게 되고, 결국에는 완성된 인간을 향해가는 여정을 떠나게 된다. 그 과정에서 주인공은 수많은 등장인물들과 마주친다. 도움을 주는 친구, 선생님, 웃긴 사람, 사기꾼, 악당 등.

그런데 이런 캐릭터가 지닌 핵심적인 특성은(캐릭터 원형) 사실 완벽한 인간으로 성장해가는 길목에서 마주치는 우리 자신의 모습이기도 하다. 실제 우리 내면에는 이러한 모습들이 웅크리고 있다. 때론 익살스럽고, 가끔은 욕심을 부리고, 누군가를 속이기도 하며, 배신하거나, 간혹 누군가의 멘토가 되기도 한다. 블라디미르 프로프가 이러한 등장인물들을 하나의 개성적인 존재로 다루지 않고 매몰차게 '기능'이라고 말한 이유도 그 때문이다. 그들은 우리 내면에 자리한 일종의 '기능'들이다.

등장인물이 주인공의 심리적 원형을 구체화한 것이라는 관점을 알고 있다면, 가장 중요한 캐릭터, 즉 악당 만들기에 대해서도 중요한 힌트를 얻을 수 있다. 최고의 악당은 지구를 한 번에 날려 보낼 수 있는 힘이 있어서 대단한 게 아니다. 주인공 내면에 꼭꼭 숨겨진 어둠을 지니고 있어서다.

주인공이 보기에 악당은 자신과 전혀 다르다고 생각하지만 실제로는 너무 닮아 있어 더 끔찍하게 느껴진다. 그래서 악당은 주인공의 반대편에 존재하는 일란성 쌍둥이에 가깝다. 주인공이 악당을 물리쳤을 때 우리는 깊은 카타르시스를 느낀다. 그 후련함의 정체는 사실 악당이라는 못된 녀석이 없어져서가 아니다. 주인공이 자신의 내면에 존재하는 어두운 부분들, 이기심, 욕망, 증오, 공포 등을 극복하고 성장했기 때문이다. 악당을 물리치는 것을 보며 자기극복을 언급하는 이유 역시 이 때문이다.

<u>결국 이야기의 캐릭터들은 주인공 내면의 문제나 속성을 뜻하며, 그런 존재로 잘 그려질 때에만 이야기에서 존재감을 발휘한다.</u>

3. 외부적 클라이맥스 이전에 심리적 클라이맥스가 있어야 한다.

이야기에서 클라이맥스는 한 번 찾아올까, 두 번 찾아올까?

학창 시절에 배운 대로 '발단-전개-위기-절정-결말'을 떠올리는 독자들도 있을 것이다. 저 도식으로 봤을 땐 '절정=결정적 시련=클라이맥스'이니

한 번이라고 대답해야 하려나?

그런데 이상하다. 우리는 앞선 장에서 '고래의 배'나 '동굴 가장 깊은 곳' 등 주인공이 죽을 것 같은 상황에 처한 시련에 대해 살펴봤다. '죽을 것 같은 상황=클라이맥스'라면 두 번이 될까?

결정적 시련이 한 번이냐 두 번이냐는 사실 중요하지 않다. 중요한 것은 순서다. 먼저 주인공이 죽음과 다를 바 없는 심리적 어둠에 빠져야 한다. 그 단계를 거쳐야 임무 완성에서 가장 위태로운 클라이맥스에 오를 수 있다.

앞서 애벌레와 나비 이야기를 했으니, 역시 나비로 비유하면 이해가 쉬울 듯하다.

여기 평화로운 애벌레 마을이 있다. 나이가 가장 많은 매미 애벌레 어르신이 꿈틀꿈틀 보잘것없는 애벌레에게 임무를 준다.

"새로 태어난 애벌레들을 위해 저 하늘 근처에 있는 해바라기에 올라가서 꿀을 따오렴."

애벌레는 악전고투하며 기나긴 해바라기 줄기를 따라 기어오른다. 개미도 만나고 대벌레 친구도 만난다. 비가 와서 미끄러지기도 한다. 이따금 새의 그림자가 보여 놀라기도 한다. 그런데 가도 가도 끝이 없다. 애벌레는 좌절에 빠진다.

'아, 하늘 근처에 있는 해바라기는 도저히 오를 수 없어. 나는 형편없는 벌레에 지나지 않아……'

애벌레는 상심하고 만다. 나뭇잎을 돌돌 말고 입에서 실을 뽑아내 고치를 짓는다. 그리고 깊은 어둠 속으로 피한다. 어쩐지 졸리다. 게다가 몸은 감각을 잃어간다.

'이젠 틀렸어…… 이렇게 죽는구나……'

번데기 속 애벌레는 실제로 죽어 있는 것 같다. 하지만 죽음의 순간은 놀랍게도 새로운 탄생의 순간이 된다. 애벌레는 죽음 속에 부활하여 나비로 재탄생한다. 멋진 날개를 펴고 훨훨 날아오른다. 그리고 멋지게 곡예비행도 해본다.

마침내 해바라기에 이르렀다. 꿀을 따려는 순간, 새가 날아온다. 나비는 이리저리 움직이며 새의 매서운 공격을 피한다. 그러다가 문득, 자신의 날개에 그려진 커다란 눈 모양 무늬가 생각났다. 나비는 죽을 각오로 해바라기에 앉아 날개를 활짝 폈다. 나비를 낚아채려던 새는 커다란 눈동자에 놀라 도망간다.

나비는 꿀을 따는 데 성공한다. 애벌레 마을은 아름답고 용감한 나비를 칭송하고 사랑하게 되었다.

이 짧은 이야기에서 클라이맥스는 어떤 것이 될까? 꿀을 따오는 임무를 완성하기 직전 나비를 방해하는 새와의 숙명적 대결이 될 것이다. 하지만 클라이맥스에 오르기 전, 애벌레가 번데기 단계를 거쳤다는 점을 기억해야 한다. 번데기 단계는 죽음과도 같은 내적 시련을 통해 애벌레에서 나비로 부활하는 과정을 의미한다.

영웅은 치명적인 심리적 좌절 속에 죽지 않고 살아난 자들이다. 그들은 마음의 심연까지 내려가 스스로를 확인하고 지금처럼 살지 않기로 결심한 자들이다. 부활과 재탄생한 자는 외모는 비슷할지 모르지만 완전히 다른 존재가된다. 그렇게 최후의 결전을 치를 자격을 갖추게 되는 것이다.

결국 클라이맥스는 둘일 수도, 하나일 수도 있다. 만약 클라이맥스가 외부의 여정(사건)에서 맞닥뜨린 최고의 순간을 의미하는 것이라면 하나일 것이고, 내면의 여정(마음)이 최고로 치닫는 순간까지 따진다면 둘이 될 것이다.

<u>중요한 것은 순서다. 신체적 위험에 빠지는 클라이맥스 이전에 반드시 마음이 죽을 것 같은 순간을 경험해야 한다.</u>

'두 가지 여정의 이야기'의 심화학습 TIP 3가지

(1) 멋진 사건은 주인공의 마음이 함께 그려져야 해요.
(2) 멋진 악당은 주인공의 어두운 부분을 지닌 그림자이자 쌍둥이
　　와 같아요.
(3) 멋진 클라이맥스는 주인공이 심리적인 죽음을 경험한 이후
　　에 만들어질 수 있어요.

　　캐릭터 변화의 폭은 등장인물이 이야기가 전개되면서 겪는 변화의 과정을 보여준다. 모든 위대한 주인공은 이야기 속에서 펼쳐지는 경험들을 통해 배우고 성장한다. 이야기가 끝날 즈음 그 캐릭터는 그동안의 여정을 통해 뭔가를 깨달은 새로운 사람으로서 부각되어야 한다.

−빅토리아 린 슈미트의 『캐릭터의 탄생』 중

8. 창작 법칙 3
: 이야기는 3막이다.

이야기는 3막이다.

이제 이야기와 동화 창작의 기본 마법 네 가지 중 마지막 한 가지를 남겨두고 있다. 마지막을 장식할 법칙은 아리스토텔레스의 입을 빌려 말해본다.

우리는 이미 비극(진지한 이야기)이 완전하고 전체적이며 일정한 크기가 있는 행동의 모방이라고 정의한 바 있다. '전체'라 함은 처음, 중간, 끝이 있음을 뜻한다.

―아리스토텔레스의 『시학』 7장 중

처음, 중간, 끝. 바로 여기서 스토리텔링의 기본 법칙 중 가장 잘 알려진 이야기가 나온다. 바로 3막 법칙이다.

동화 창작 0의 법칙 : 이야기는 떠나면서 시작된다.
동화 창작 1의 법칙 : 주인공에겐 절실한 부족함, 결핍이 하나(1) 있어야 한다.
동화 창작 2의 법칙 : 사건은 언제나 두 가지(2) 여정이다.
동화 창작 3의 법칙 : 이야기는 (3)막이다.

3막 법칙이란?

3막 법칙에 대해 이미 들어보신 분들이 많으시리라. 3막 법칙은 이야기의 가장 기본적인 형태를 뜻한다. 아리스토텔레스의 말대로 시작, 중간, 결말이다. '시작'에서는 주인공이 해결해야 할 목표가 등장한다. '중간'에는 목표를 달성하기 위한 과정이 그려지고, '결말'에서 절정의 순간을 거쳐 목표가 달성된다.

『오즈의 마법사』를 떠올려보자. 회오리바람에 휩쓸려 마법의 나라에 도착한 도로시가 집으로 돌아가기 위해 노란 벽돌길을 걸어가는 부분이 '시작'이다. '중간'은 허수아비, 사자, 나무꾼과 함께 목표를 이루기 위해 다양한 모험을 하는 부분이고, 오즈의 마법사가 가짜라는 것을 알게 되지만 결국 구두를 세 번 부딪쳐 집으로 돌아오게 되는 지점이 '결말'에 해당한다.

이 3막 법칙은 지나치게 당연해 보인다. 우리에게 던져진 문제를 풀어나가는 과정을 떠올려보면 확실히 알 수 있다. '문제'가 던져지면, 우리는 '풀이과정'을 통해 '해답'을 얻는다. 세상만사는 '문제-과정-해결'이라는 3막 구조를 벗어나기 힘들다. 이처럼 언뜻 보면 평범한 이론이다 보니 창작에 활용하기가 어려워 보인다. 그래서 대개 3막 구조를 창작이 아닌 구조 분석을 통해 비평에 활용하거나 막act의 길이를 측정하는 도구로 사용하곤 한다.

실제로 할리우드에서는 두 시간 정도 되는 영화 상영 시간에 맞춰 3막에 대한 황금비를 계산해내기도 했다. 두 시간짜리 영화를 기준으로 1막은 30분, 2막은 60분, 3막은 30분으로 배분한다. 대개의 영화는 이런 구조에서 크게 벗어나지 않는다.

3막 법칙의 의미

사실 이야기는 3막으로 구성될 수도 있고, 5막, 6막, 7막으로 구성되어도 상관없을 것이다. 다만 우리가 3막이라는 용어를 자주 쓰는 이유는 그것이 익숙하고 간결한 구조로, 이야기의 나아갈 바를 알려주기 때문이다. 그럼 3막을 더 잘 이해하기 위해 아리스토텔레스의 말에 귀를 기울여보자.

'처음'이라 함은 그전의 어떤 사건과는 필연적 관련이 없지만 자연적으로 다른 어떤 사실이나 사건을 일으킬 수 있는 것을 뜻한다. 이와 반대로 '끝'은 그전의 어떤 사건 다음에 필연에 의해 또는 보편적 법칙에 따라 자연적으로 생기지만 다른 어떤 것이 뒤따르지 않는 것을 뜻한다. '중간'은 앞에 생기는 일과 또한 뒤따른 일에 인과율적 관련이 있는 것을 뜻한다. 그러므로 잘 고안된 플롯은 임의지점에서 시작하거나 끝나서는 안 되며 위에서 말한 원칙들을 따라야 한다.

다시 말하지만 3막 법칙에서 중요한 것은 단순히 막이나 길이의 구분이 아니다. 처음, 중간, 끝이 어떠해야 하는지를 아는 게 중요하다고 말한다. 여기에 3막의 핵심적 의미가 숨어 있다.

1막, '바지에 튄 불똥'이 있는가?

먼저 '처음'에는 반드시 자연적으로 사건이 뒤따를 수 있는 '발단이 되는 일'inciting incident이 필요하다. 그런데 아리스토텔레스는 발단이 되는 일은 그 전의 사건과는 필연적일 필요가 없다고 말한다. 돌발적인 교통사고, 살면서 마주하게 되는 우연한 말썽 등을 떠올리면 될 것이다.

예를 들면 회오리바람이 불어 동쪽 마녀를 죽인 사건이 그렇다. 이는 전체 이야기의 '발단이 되는 일'로, 착한 도로시의 성격이나 핵심 내용과는 별 관계가 없는 일종의 말썽에 가깝다. 이야기는 이런 말썽과 사건을 통해 시작된다.

그런데 필연적일 필요가 없다고 해서 발단이 되는 사건을 아무렇게나 만들어도 좋다는 뜻은 아니다. 우연한 말썽은 반드시 독자의 흥미를 이끌 수 있는 (다른 사건을 일으킬 수 있는) '상황'을 만들어야 한다. 예컨대 독일의 대문호 프란츠 카프카의 소설 『변신』의 첫 문장은 다음과 같다.

"어느 날 아침 불안한 꿈에서 깨어난 그레고르 잠자는 자신이 끔찍한 벌레로 변해 있는 것을 깨달았다."

아침에 일어났는데 느닷없이 벌레가 되어 있다니…… 충격적이
면서 뒷이야기가 궁금해진다.

"아빠는 도끼를 들고 어디 가시는 거예요?"
아침 식탁 차리는 일을 거들며 펀이 엄마에게 물었다.
"돼지우리에. 어젯밤에 돼지가 새끼를 낳았어."
"그런데 왜 도끼를 들고 나가세요?"

－엘윈 브룩스 화이트의 『샬롯의 거미줄』 중

엘윈 브룩스 화이트의 유명한 동화 『샬롯의 거미줄』의 첫 문단이다. 돼지가
새끼를 낳았는데 왜 아빠는 도끼를 들고 갈까? 으스스하면서도 무슨 일일지
호기심이 일어 읽기를 멈출 수 없다. 좋은 작가들은 이처럼 1막에서 제시되
는 '우연한 말썽'이 만드는 '상황'의 중요성을 알고 있다.

그것은 흡사 '바지에 튄 불똥' 같은 것이다. 이야기가 "바지에 불똥이 옮겨
붙었다"로 시작하면 대개는 좋은 출발이다. 즉 우리가 만든 이야기에도 바지
에 튄 불똥처럼 다급하고 위태로운 상황이 있다면, 게다가 그 바지가 '집 안

에 남은 유일한 바지'라는 흥미진진하고(?) 호기심을 일으키는 '말썽'이 있다면, 시작은 확실히 성공적이다.

> '사자의 생일날 선물하려고 모아놓은 꿀단지가 없어졌다.'
> '태풍이 그친 뒤 하늘을 보니…… 맙소사, 태양이 바람에 날아가 버렸어!'
> '변신로봇을 사려고 저금통을 뜯어 장난감 가게에 갔는데, 주머니에 뚫린 구멍으로 돈이 다 빠져버린 거야……'

그 어떤 것이든 좋다. 시작이 '바지에 튄 불똥'처럼 강렬한지, 그 상황이 이야기를 끌고 갈 만큼 매력이 있는지 찬찬히 살펴보자.

2막과 이야기의 보편성

둘째, '중간' 이야기가 진행되는 과정에서는 반드시 원인과 결과라는 인과율을 따라야 한다. 이야기 최초의 발단은 필연적일 필요가 없다. 하지만 일단 이야기가 시작된 이후에는 모든 운명이 주인공의 판단과 선택에 따라 결정된다.

인어공주를 떠올려보자. 그녀는 처음 세상 구경을 나왔다가 바다에 빠진 왕자를 우연히 구하게 된다. 이것은 이야기의 발단이 되는 사건으로 우연에 가깝다. 하지만 마녀에게 목소리를 팔고 다리를 얻어 왕자를 만나러 가는 과정, 언니들이 건네준 칼로 왕자를 찌르는 걸 포기하고 그 결과로 물거품이 되는 과정은 인과율을 따른다.

그렇다면 반대로 인과율을 따르지 않는다면 어떨까? 인어공주가 우연히 착한 마법사를 만나 공짜로(?) 다리를 얻게 된다면? 또 우연히 내린 폭우로 왕자의 결혼식이 엉망이 되어 인어공주와 결혼하게 된다면? 우연으로 점철된 이야기는 생기를 잃고 말 것이다. 아이조차 "이게 뭐야?" 하며 책을 덮지 않을까?

그런데 누군가는 항변할지 모른다. 현실에서는 '우연'이 연달아 일어나는 경우가 있지 않느냐고. 우연히 산 로또가 당첨이 된 것도 모자라, 그 당첨금으로 우연히 눈에 띈 재개발 아파트를 샀는데 몇십 배 폭등해서 평생 행복하게 살았다, 와 같은……

꼼꼼하신 아리스토텔레스는 우리의 유일한 희망(?)인 로또도 없던 울적한 시대를 살았음에도 친절하게 답을 준비해놓았다.

역사가는 실제로 일어난 사실들을 이야기하고 시인은 일어날 수 있는 일을 이야기한다. 이 까닭에 시는 역사보다 더 철학적이며 더 심각하다. 시는 보편적인 것을 더 많이 이야기하는 데 반해 역사는 특수한 것을 이야기하기 때문이다. 보편이라 함은 개연성이나 필연성에 의하여 어떤 종류의 인물이 어떤 종류의 말이나 행동을 함직함을 말한다. 시는 등장인물들에게 특정한 이름들을 붙이면서도 바로 이러한 보편성을 목표로 삼고 있다.

우리는 흔히 이야기는 삶의 모방이므로, 삶 그 자체가 이야기가 될 것이라 오해한다. 하지만 이야기는 삶을 모방하되 '보편적인 원리로 된 삶'을 모방한다.

실제로 소설가 지망생 중에는 "작품이 현실적이지 않다"는 심사평을 받아들고 떨어지는 이들이 많다. "현실적이지 않다니, 내 이야기는 실화라니까요!"라고 항변도 해보지만, 앞서 말했듯 실화냐 허구냐의 문제가 아니다. '삶의 보편성'이 이야기에 있느냐가 중요하다.

우연으로 점철된 사건의 묘사는 특수하다. 반면 개연성과 인과율에 따른 이야기는 적어도 우리에게 보편적으로 느껴진다. '공부를 안 하면 시험을 망친다'가 보편적인지, '공부를 안 했는데 찍어서 백점을 맞았다'가 설득력이 있는지는 금방 알 수 있다. 이야기가 인과율을 따르는 이유도 그 때문이며, 그렇기에 우리의 이야기도 일단 시작되면 보편성을 따라야 한다.

3막과 기계에서 내려온 신

셋째, '끝'에서는 '중간'의 원인과 결과를 이어받아 이야기를 자연스럽고 뒤끝이 남지 않도록 완벽하게 마무리해야 한다. 아리스토텔레스가 '끝'에 대해 당연한 말을 하는 듯하지만 사실은 그렇지 않다. 그가 살던 고대 그리스 시대에는 얽히고설킨 이야기가 재미있게 진행되다가 뜬금없이 하늘에서 신이 "짜잔" 하고 나타나서 대신 문제를 해결해주고 끝나는 경우가 많았다.

신의 등장은 무대효과의 일부로, 기중기 같은 기계에서 내려온다 하여 '데우스 엑스 마키나^{deus ex machina, 기계에서 내려온 신}'라고 불렀다. 아리스토텔레스는 느닷없이 초능력자가 내려와 문제를 해결해주는 과정이 이야기의 즐거움을 해친다고 생각했다. 임의의 지점에서 이야기를 끝내지 말라는 말은 바로 이 뜻이다.

그럼에도 불구하고 이런 결말은 지금도 동화뿐 아니라, TV 드라마와 같은 대중적 스토리에서 많이 사용되는 방식이다. 한두 번쯤은 봤을 법한 이런 유의 드라마를 생각해볼 수 있다.

> 서로 사랑하는 연인이 있다. 여자는 부유하지만 남자는 가난하다. 예비 장인 장모의 반대에도 불구하고 두 사람은 사랑을 이어간다. 둘이 비밀 결혼식을 올리려는 순간, 두 사람의 관계가 탄로 나 파국 직전에 몰린다. 그런데 마침 미국에서 건너온 글로벌 기업의

이 역시 형태만 달랐지, 전형적인 '기계에서 내려온 신'으로 된 스토리다.

결말을 선택하는 건 창작자의 자유지만, 어떤 게 더 효과적인 결말이 될지는 생각해볼 가치가 있다. 인어공주에게 하느님이 나타나 "너의 지고지순한 사랑에 감탄하여 너를 왕자와 결혼시켜주겠다"라고 했다면 어땠을까? 분명한 점은 이런 결말이라면 파도 물거품을 보며 인어공주의 안타까운 사랑을 추억하는 여운은 결코 남지 않았으리라는 것이다.

'끝'과 관련한 마지막 팁은 다른 어떤 것이 뒤따르지 않는 완벽한 마무리에 있다. 이야기나 동화를 듣는 동안, 아이는 이야기로 된 세계 속에 빠져든다. 따라서 말썽과 문제는 이야기 세계 안에서 완벽하게 해결되든지 종료되어야 한다. 그래야 아이 혹은 독자는 그 이야기를 완결된 경험으로 인지하여 내적인 자산으로 축적할 수 있다.

그러니 도로시는 집으로 돌아가야 하고, 인어공주는 물거품이 되어 바다로 돌아가야 한다. 도로시가 어쩌지 못하고 오즈의 나라를 정처 없이 헤매거나, 인어공주가 혼자 남아 눈물을 흘리며 왕자를 원망하는 식의 지리멸렬한 결말은 이야기로서의 효용이 떨어질 가능성이 있다.

우리가 만든 이야기의 주인공이 3막에서 자신에게 닥친 말썽과 문제를 깔끔하게 해결했는지, 그래서 어떤 결론을 가지고 집으로 돌아오는지 꼼꼼히 확인해볼 일이다.

말썽쟁이 이야기가 삶에 주는 위로

인생에는 1막과 닮은 말썽들이 끊임없이 일어난다. 그 말썽은 나로 인해 발생한 말썽이 아닐 때가 많다. 아리스토텔레스의 말대로 그냥, 막무가내로 닥쳐오는 것이다. 말썽을 접한 우리는 2막처럼 나름의 인과율에 따라 문제를 풀고, 어떤 식으로든 해결해간다.

하지만 이 과정은 피곤하고, 골치 아프며, 괴롭다. '동화 창작 2의 법칙'을 보면 이야기가 시작된 후 주인공은 심리적으로 거의 죽을 것 같은 상태에 빠진다고 했으니 오죽하겠는가? 그래서 우리는 행복한 삶이라고 하면 일단 평온한 상태를 떠올린다. 인간 관계로 괴로워하지 않고, 숨 가쁘게 닥쳐오는 말썽에서 벗어난 삶…… 사람들은 이런 이상적 상태를 소박하게 정원을 가꾸는 전원생활 이미지로 바꿔서 받아들이곤 한다.

그런데 이상하게도 제주도나 시골로 내려간 사람들 중 많은 수가 마냥 행복하지만은 않은 것 같다. 현지인들과의 융화, 처음 해본 농사, 낯선 환경과 불편함 등은 또 다른 말썽으로 다가온다. 평온을 찾아 떠났는데 여전히 새로운 말썽들이 우리를 기다리고 있는 것이다. 아, 대체 어디서 잘못된 걸까?

삶의 목적은 행동이지 어떤 질적인 상태가 아니다.

—아리스토텔레스의 『시학』 6장 중

우리는 삶의 평온한 질적 상태를 행복으로 이해할 때가 많다. 그러나 외부 환경이 아닌 내적으로 평온한 상태를 추구하더라도, 성인聖人이나 고승의 경지가 아닌 이상 마음의 평화는 찾아오지 않는다.

평온함이라는 질적 상태는 삶의 본질도 행복의 본질도 아니다. 도리어 삶의 본질은 막무가내로 닥쳐오는 말썽이다. 그리고 행복은 아리스토텔레스 말대로 행동을 통해서만 얻을 수 있다. 그렇다면 그 행동은 무엇일까? 복잡한 게 아니다. 우리가 지금까지 동화 창작 4법칙을 통해 살펴본 이야기의 여정을 온전히 경험하는 것이다.

부족한 주인공이 우연한 말썽으로 일상을 떠나,
내외부의 장애를 투쟁을 통해 극복하고
내면적으로 성장하고 돌아오는 여정
= 이야기

말썽이 없다면, 우리는 일상에서 벗어나지도 못하고 자신만의 세계에 안주하며 한 발짝도 떼지 못할 것이다. 성장도 교훈도 경험하지 못할 것이다. 보편적 이야기의 법칙들이 말해주는 핵심은 그것이다.

우리는 말썽으로부터 도망칠 수 없고,
도리어 말썽으로만 성장할 수 있다는 것.

그리고 말썽을 성장의 기회로 본다면, 오늘은 결코 어제와 같지 않을 것이다.

니모에게 아무 일도 일어나지 않게 하겠다고 약속했다니, 웃기는 말이네. 아빠가 아무 일도 일어나지 않게 해버리면, 아들 인생엔 정말 아무 일도 일어나지 않을 거라구……

That's a funny thing to promise. Well, you can't never let anything happen to him, then nothing would ever happen to him.

-영화 〈니모를 찾아서〉 중

9. 실전 법칙 3
: '3막으로 된 이야기' 완성하기

3막으로 된 이야기를 완성하자.

아이에게 직접 만든 이야기를 들려주던 아빠는 '3막'이라는 말이 익숙했다. 주변에서 '인생 3막'을 얘기하는 사람들이 꽤나 많았기 때문이다.

> '인생을 80세라고 하고, 학창 시절부터 꿈과 목표를 세우는 20대까지를 1막, 20대부터 활발히 일하다가 직장에서 은퇴하는 60대까지를 2막, 60대부터 말년까지를 3막이라고 한다면?'

영화의 3막처럼 길이도 딱 맞고 제법 말이 되는 듯싶었다. 유년과 젊은 시절에 고생하고 열심히 살면 3막 법칙처럼 인과율에 따라 노력에 대한 보상을 받거나, 이야기의 결말처럼 삶의 끝도 자연스럽게 마무리되는 것이 당연하다.

하지만 불행하게도 실제 인생은 그렇지 않다는 것을 아빠는 이미 알고 있었다. 생과 사로 이뤄진 우리의 생애 전체를 놓고 보면 인과율은커녕 정상참작도 없다. 아무리 신경 쓰며 살아도 교통사고나 질병과 상실 같은 사건을 막을 순 없는 것이다. 언제 어떻게 끝날지 모르는 게 삶의 실체라니…… 새삼 씁쓸했다.

아빠는 쓴 입맛을 다시며, 이야기가 삶의 모방이라는데 그럼 대체 이때 말하는 '삶'이란 무엇인지 궁금해졌다. 아리스토텔레스가 말한 이야기의 정의를 다시금 떠올려봤다.

비극(이야기)은 심각하고 완전하며 일정한 크기가 있는 하나의 행동의 모방이다.

－아리스토텔레스의 『시학』 6장 중

이야기가 심각하거나 진지하고 완전한 형태의 모방이라는 건 이해가 된다. 그런데 왜 '일정한 크기'와 '하나의 행동'을 강조할까? 생각에 빠져들던 아빠는 문득 떠오르는 게 있었다.

'이야기가 모방하는 건 지리멸렬한 혹은 언제 어떻게 끝날지 모르는 우리 생애 전체가 아니구나!'

아빠는 3막 법칙을 통해, 이야기는 '하나의 말썽을 해결하는 하나의 행동을 모방한 것'이라는 사실을 깨달았다. 그건 생애 전체를 이런저런 소소한 일들까지 끌어모아 백과사전처럼 늘어놓는 게 아니니까 '일정한 크기'가 있을 수밖에 없다. 결국 3막은 인생 전체에 대한 모방이 아니었다. 그것은 지금 우리 앞에 닥친 하나의 말썽, 즉 '지금'과 관련한 모방을 의미했다.

이 깨달음은 작지만 결코 작은 것이 아니었다. 인생은 3막이 아님에도, 아빠는 생애 전체를 무턱대고 '일정한 길이를 지닌, 하나의 사건'으로 이해하는 데 익숙해져 있었음을 깨달았다. 있을지도 모를 미래의 행복을 위해, 현재의 기쁨과 삶을 포기하고 희생하는 게 당연하다는 식으로 배우고 생각해왔던 것이다……

아이에 대해서도 마찬가지였다. 조기교육, 영어유치원, 학군, 학원에 대한 고민은 아이의 본격적인 '2막의 삶'을 보장하기 위한 고심의 결과물들이었다. 2막이 좋다면 인과율에 따라 3막도 좋을 테니 첫 스타트인 1막에 모든 헌신을 다하자는 것이 아빠와 엄마의 생각이었던 것이다.

하지만 즐거운 이야기와 삶이 지금이 아니라 자꾸만 미래로 미뤄지면 어떻게 될까?
현재가 불행한 아이가 미래의 행복은 믿을까?
'내 이야기'를 갖지 못한 아이의 '현재'를 모은들,
그게 나중에 총체적으로 아름다운 삶이 될 수 있을까?

아빠는 삶의 목적이 질적 상태가 아닌 행동에 있다는 말을 떠올렸다. 그리고 아이에 대한 훈육과 교육의 목적이 공부를 잘해서 미래에 행복할 수 있는 '상태'에 맞춰져 있어서는 안 된다고 생각했다. 대신 그 초점은 앞으로 수없이 찾아올 말썽을 통해 성장할 수 있는 '행동'에 맞춰져야 한다고 믿기 시작했다.

지금 맞닥뜨린 말썽들을 행동으로 극복하며 성장한 아이는, 미래의 어느 날 닥쳐온 (공부든 연애든 무엇이든) 말썽도 여느 때처럼 극복하며 성장할 것이기 때문이다.

현실적 말썽과 이야기꾼 아빠의 해결책

아빠는 계속 생각을 좇았다.

'그럼 좋은 인생은 무엇일까? 우리 아이에게 어떤 인생을 살라고 해야 할까?'

3막 법칙에서 말한 것처럼, 인생에서 말썽은 피할 수 없는 어떤 것이다. 따라서 좋은 인생 역시 결코 내외부에 말썽이 없는 '상태'의 추구가 될 수 없다. 그것은 애초에 불가능하다. 좋은 삶이란 말썽을 말썽 그 자체로 받아들이며 극복을 위한 '하나의 행동'을 주체적으로 하는 사람만이 만들어갈 수 있는 것이다. 결과로서의 '상태'가 중요한 게 아니다. 성공하든 실패하든, 그 과정은 성장을 의미하기 때문이다.

그럼에도 문제는 남는다.

'당장의 말썽에 주목하고 스스로 극복해나가는 삶은 좋다. 현재에 기쁨과 즐거움을 누리며 사는 삶도 좋지. 그런데 극심한 경쟁 사회에서 마냥 현재를 누릴 수는 없지 않을까?'

아빠는 이야기를 듣다가 이제는 잠이 들락 말락 꼼지락거리는 아들을 보면서 얕은 한숨을 내쉬었다. 그러다가 아이가 두 돌을 앞둔 어느 날의 일화를 떠올렸다.

아이와 함께 걷는 성장의 오솔길로

두 돌 무렵 아이에게 폐렴이 왔다. 병원에 입원하자마자 간호사는 그 작은 팔뚝에서 혈관을 찾아 바늘을 찔러 넣었다. 아이는 자지러지게 울어댔다. 열과 기침도 있고, 링거가 불편하니 아이는 계속 찡찡댔다. 그렇게 울다가 링거를 잡아 빼서 피가 나기도 하고 다시 바늘을 찔러 넣는 과정이 반복되었다.

아이도 엄마도 아빠도 꼬박 밤을 새웠다. 새벽녘에 낯선 병실 때문인가 싶어 아이를 안고 병원 복도로 나와 의자에 앉았다. 머리를 벽에 기댄 채 바나나 껍질을 까서 아이 손에 쥐여줬다. 녀석은 배가 고팠는지, 입맛이 조금 도는지 바나나를 입에 넣어 오물거렸다. 아빠의 몸과 마음은 젖은 휴지처럼 변해 있었다. 아이에 대한 걱정, 밤을 지새운 피로감과 함께 깊은 우울이 몰려왔다.

그런데 문득 입가에 무언가가 와 닿았다. 아들 녀석이 바나나를 들어 아빠 입에 가져다 댄 것이었다. 벽에서 머리를 떼고 눈을 떴다. 아이는 아빠를 보며 먹으라고 입을 벌리는 시늉을 했다. 아빠가 조금 떼어 입에 넣자 그제야 아들은 빙긋 웃더니 다시 바나나를 먹기 시작했다.

그것은 분명 '아빠 힘들지? 기운 내!'라는 뜻이었다⋯⋯

아빠는 그 순간, 위로받았다. 그리고 우울함을 떨쳐낼 용기를 얻었다. 아이를 키우는 과정에서 아빠는 그 어느 때보다 더 무거운 부담과 책임감을 짊어져왔다. 하지만 그 과정에서 도리어 잊고 있던 것은 아이라는 존재, 생각이 자라는 아이였다.

'아이는 훈육과 육아의 대상이라는 생각에 빠져 있다 보니, 어느 순간 전지전능한 신이나 작가처럼 아이의 삶도 내가 만들 수 있다는 생각을 했던 것은 아니었을까? 그래서 육아의 매순간이 괴로웠던 건 아니었을까?'

아빠는 그 무렵의 일화를 떠올리며 생각이 정리되는 느낌이 들었다.

생각해보면 부모는 육아에 온통 생각이 매몰되지만, 아이가 축복인 이유는 이제 더 새로울 말썽도 없는 어른인 엄마 아빠의 일상에 신선한 말썽을 선물해주기 때문이고, 성장의 기회를 나눠주기 때문이다.

엄마 아빠가 성장을 멈추면 아이도 성장하지 못한다.
반대로 아이가 성장하면 엄마 아빠도 성장해야 한다.

아빠는 다짐했다. 육아와 관련해 결정할 일이나 말썽이 있을 때면 전지전능한 신의 입장에 서지 않기로…… 그 말썽을 아이와 함께 힘을 합쳐 극복하는 과정으로 생각하기로…… 아이가 성장하는 건 결코 부모만의 몫이 아니기 때문이다. 그것은 아이와 손을 잡고 대화하며 함께 걸어가는 삶의 오솔길이며, 온 가족이 함께 성장하는 이야기이기 때문이다.

아빠는 좋은 삶으로서의 현재와 현실적인 미래의 간극에 대해 다시 떠올렸다. 까다로운 문제가 분명했다. 하지만 무엇보다 아이가 '좋은 삶의 대상'이 아니라, '좋은 삶을 만들어가는 진짜 주인공'이라는 사실을 인정한다면 결코 어려운 문제가 아니었다. 주인공인 아이의 생각을 살피고 대화하며 공감하는 태도, 그리고 현실의 말썽을 해석하고 받아들이는 부모의 결정에 아이를 주인공으로 존중하며 참여시켜야 한다는 생각……

그것은 아이에게나 아빠에게나, 난해한 말썽을 해결하는 가장 기본적인 '하나의 행동'이 될 것이다.

아빠는 쑥스럽지만, 잠이 든 아이의 작은 어깨에 머리를 기댔다.

'아들아, 아빠도 힘들면 창피해하지 않고 너의 작은 어깨에 기

댈게. 엄마랑 아빠랑 손잡고 우리 오늘의 오솔길을 즐겁게 걷자 꾸나……'

그리고 아빠는 이미 잠든 아이에게 〈포코코 이야기〉의 3막을 조용히 이야 기하기 시작했다.

〈포코코 이야기〉

옛날 옛날에 아프리카 어느 마을에 포코코라는, 우리 아들처럼 아주 용감하고 지혜로운 소년이 살았어. 마을 앞에는 작은 강이 흐르고 있었고, 마을 사람들은 모두 즐겁게 살고 있었단다. 포코코는 매일 아침 낚시를 하러 갔지. 물고기를 잡으면 마을 사람들과 사이 좋게 나눠 먹었어. 포코코는 사람들이 맛있게 물고기를 먹는 모습을 보면 기분이 좋았어.

그런데 어느 날 마을에 '건기'가 찾아왔어. 마을에서 키우는 옥수수도 바짝 말라붙어서 먹을 게 점점 없어졌어. 포코코는 더 열심히 물고기를 잡기로 마음먹었어. 그때 포코코를 지켜보던 마을 족장님이 말씀하셨어.

"얘, 포코코야, 언제나 이렇게 맛있는 물고기를 나눠주니 정말 고맙구나. 그런데 네가 꼭 기억해야 할 것이 있다."

"뭔데요, 족장님?"

"응, 반드시 푸른 강에서만 낚시를 해야 해. 우리 마을 맞은편에 있는 검은 강 너머에는 '심바'라고 하는 무시무시한 사자가 살고 있거든. 그 녀석은 나만큼 오래 살았지. 오래 산 만큼 아주 영리하단다. 얼마나 영리한가 하면, 사람의 말도 모조리 알아들을 수도 있대."

"사람의 말을 알아듣는 사자요? 정말 대단하네요! 하지만 젊은 사자가 곧 왕이 되지 않을까요?"

포코코가 족장 할아버지에게 묻자 족장님이 이렇게 대답하셨지.

"네 말이 맞다. 실제로 떠돌이 젊은 사자가 심바를 공격한 적이 있었지. 하지만 심바는 바로 싸우지 않았어. 대신 침착하게 밤이 되기를 기다렸단다. 그리고 검은 강으로 젊은 사자를 유인했지. 발을 헛디딘 젊은 사자는 힘 한 번 써보지 못하고 검은 물에 빠졌어. 늙은 사자 심바는 그 정도로 영리하단다."

포코코는 마을에서 가장 용감한 소년이었지만 이 이야기를 듣고 겁이 나는 건 어쩔 수 없었어. 족장님이 말씀하셨어.

"그러니 절대 검은 강 쪽으로 가선 안 된다. 혹시라도 길을 잃어 그곳에 가게 된다면 숨어 있지도 말고, 다른 어떤 소리도 신경 쓰지 말아야 한다. 무조건 강에 뛰어들어 마을로 건너와야 해. 알았지?"

포코코는 고개를 끄덕였어. 그리고 족장님 말씀대로 검은 강에 는 절대 가지 말아야겠다고 생각했어.

다음 날 포코코가 낚시를 하고 있을 때였어. 거대한 물고기가 낚 싯대에 걸린 거야. 열심히 씨름을 했지만 물고기가 힘이 너무 셌 어. 그래도 포코코는 포기할 수 없었지.

'저 물고기를 잡아간다면 온 마을 사람들과 잔치를 벌일 수 있겠 지? 가뭄을 버틸 수 있는 힘이 날 거야!'

그때 포코코의 작은 낚싯대가 부러지고 말았어. 거대한 물고기 가 눈앞에서 사라지려고 하자 포코코는 물에 뛰어들어서 물고기 등 에 올라탔어. 그런데 이걸 어쩐담? 깜짝 놀란 물고기가 검은 강 쪽 으로 빠르게 헤엄치는 거야! 포코코는 방향을 돌려보려 온 힘을 다 해 물고기를 내리쳤지만 소용없었어. 잠시 후 포코코가 정신을 차 렸을 때 포코코는 어디 있었을까?

그래, 맞아.
검은 강 너머 풀숲에 떠내려와 있었단다.
사람의 말도 알아듣는 무섭고 영리한 늙은 사자,
바로 심바가 사는 곳에 말이야……

포코코는 바로 족장님의 말씀을 떠올렸어.

'빨리 강에 뛰어들어서 마을로 헤엄쳐 돌아가야겠다.'

그런데 문제가 있었어. 물고기와 씨름하느라 너무 멀리 떠내려와 있었던 거야. 이제 강 저편으로 헤엄쳐 가는 건 불가능했어. 그곳은 악어와 하마가 득실대는 곳이었거든. 포코코는 어쩔 수 없이 큰 물고기를 들쳐 메고는 강 위쪽으로 올라간 다음 헤엄쳐 가기로 했어. 포코코는 걷고 또 걸었어. 눈물이 났고, 엄마 아빠가 보고 싶었지만 꾹 참았어.

'이제 조금만 더 가면 될 거야……'

그런데 그때, 큰 갈대숲 쪽에서 소리가 들리는 거야. 그 소리는 처음엔 작았어. 부스으럭, 부스스럭.

포코코는 걸음을 멈추고 숨을 참았어.

'혹시 무시무시한 사자…… 이름이 뭐랬지? 그래, 심바가 나타난 건 아닐까?'

그때 또 부스럭 부스럭.

……

부스럭 부스럭.

......

포코코는 너무 겁이 나서 몸을 땅바닥에 붙이고 바짝 엎드렸지. 그런데 갈대숲에서 갑자기 끼잉끼잉 하는 소리가 들리는 거야. 고개를 들어보니, 누구였을까?

노란 털이 복실복실한 귀여운 아기사자였단다. 아기사자는 몸을 파르르 떨고 있었어. 포코코는 "어떤 소리에도 신경 쓰지 말고 마을로 돌아와야 한다"는 족장님 말씀이 생각났어. 하지만 길 잃은 아기사자를 보니 자기 처지와 비슷하단 생각이 들었어.

'얼마나 무서울까…… 얼마나 배고플까…… 얼마나 엄마 아빠가 보고 싶을까……'

포코코는 아기사자를 안아주었어. 아기사자는 포코코의 마음을 아는지 얼굴을 핥아줬어. 포코코는 일단 물고기 살점을 씹어서 부드럽게 만들어 아기사자에게 먹여줬지. 오물오물 고기를 씹는 아기사자를 보면서 얘가 내 동생이면 좋겠다고 생각했어. 포코코는 형도 동생도 없었거든……

"걱정 마, 내가 지켜줄게. 모습은 다르지만 이제부터 우린 형제야……"

포코코와 기운을 차린 아기사자는 함께 걷기 시작했어. 물소 떼와 코끼리 가족의 행렬을 피하고, 독수리가 나타나면 갈대숲에 숨으며, 그렇게 드디어 마을로 돌아갈 수 있는 강변에 도착했어. 포코코는 동생과 함께 강을 바라보았지. 검은 강에 포코코와 아기사자의 그림자가 비쳤어.

"이제, 강으로 내려가야겠어."

포코코가 아기사자를 어깨에 올리려는데, 그림자가 움직이는 거야. 처음엔 잘못 본 줄 알았지. 그런데 자세히 보려고 몸을 기울인 순간, 그 그림자가 훌쩍 뛰어올라 앞을 막아섰어. 누구였을까? 바로 얼룩덜룩한 무늬가 있는 표범이었어. 몸 여기저기 흉터가 많은 무서운 표범이었던 거야. 그 녀석은 큰 발과 꼬리를 흔들어대며 둘을 노려봤어. 포코코는 표범이 노리는 게 아기사자라는 걸 깨달았지. 사냥터를 더 넓히기 위해 표범이 아기사자를 닥치는 대로 죽인다는 이야기를 들은 적이 있거든……

만약 아기사자를 버리고 그대로 강에 뛰어들면 포코코는 집에 갈 수 있을 거야. 하지만 그러면 표범이 아기사자를 물어 죽일지도 몰라. 이제 어떡하지? 어떡하면 좋지?

포코코는 옆에 있는 나뭇가지를 꺾어 쥐었어. 손과 발이 덜덜 떨렸지만 한 발짝도 물러서지 않았어. 아기사자도 마찬가지였어. 크악 하는 날카로운 소리를 내면서 표범과 맞섰지. 포코코는 아기사자를 꼭 안으며 이렇게 말했어.

"용감하게 싸울 거야! 우리는 형제니까!"

그때 표범이 '크하앗' 소리를 지르며 하늘로 뛰어올랐어. 포코코는 표범을 피해 몸을 굴려 멧돼지들이 파놓은 나무뿌리의 작은 굴 틈으로 숨었어. 표범은 포기하지 않고 날카로운 발톱으로 땅을 긁어댔지. 그때마다 표범의 발톱이 포코코에게 닿을 것만 같았어. 먼지가 이는 구덩이 속에 갇힌 포코코는 너무 무서웠어.

포코코는 물고기를 표범에게 던졌어. 표범이 물고기에게 호기심을 느끼며 다가간 순간, 몸을 돌려 갈대숲으로 뛰기 시작했어. 물론 아기사자도 함께 말이야.

스스사삭 스삭스삭!

둘은 정신없이 갈대숲을 뛰었어. 얼마나 지났을까? 표범은 더 이상 쫓아오지 않았어. 포코코는 터질 듯한 가슴을 움켜쥐고 숨을 몰아쉬며 주위를 둘러봤어. 잠시 후, 표범이 따라오지 않은 이유를 알 수 있었어.

이 갈대숲은…… 족장님이 말씀하셨던 늙고 용맹한 사자, 심바가 살고 있는 곳이었던 거야…… 갈대숲 한가운데서 길을 잃은 포코코는 아기사자와 함께 주저앉았어. 검은 아프리카에 밤이 내려앉았지. 포코코는 아기사자를 품에 안고 울었어. 이제 모두 끝이라는 생각이 들었거든. 지금 자신을 애타게 찾고 있을 부모님이 생각났어. 엄마 아빠 말씀 더 잘 들을걸…… 그리고 함께 놀던 친구들도 떠올랐지. 또 늘 재미있고 무서운 이야기를 해주시던 족장님도 생각났어. 족장님은 이런 말씀을 하셨었지.

"포코코야, 아프리카의 낮은 귀여운 아기사자고 밤은 무서운 수사자란다. 낮은 아기사자처럼 장난기 많고 평화롭지만, 밤이 되면 냉혹한 사냥꾼의 얼굴로 바뀌거든…… 하이에나, 멧돼지, 박쥐, 독수리, 치타와 표범, 뱀 그리고 사자까지……"

족장님 말씀대로 깊은 어둠 속에서 먹이를 찾는 배고픈 짐승들의 울음소리와 발걸음 소리, 포효하는 괴성이 들려오기 시작했어. 진짜 밤이 된 거야. 그리고 잠시 후, 포코코와 아기사자의 눈앞에도 어른어른 불빛이 하나둘 다가오기 시작했어.

포코코는 손으로 눈물을 훔쳤어. 그리고 주변에 보이는 가장 큰 막대기를 손에 쥐었어. 눈앞에 나타난 것은 사나운 하이에나 무리들이었지. 녀석들은 하얀 이빨을 드러내며 점점 포코코와 아기사자를 향해 다가오기 시작했어.

하이에나 무리의 우두머리가 다가왔어.

'우두머리 하이에나는 우리의 용기를 시험하는 거야!'

포코코는 물러서는 대신 막대기로 바닥을 두드리며 크게 소리를 질렀어.

"저리 가! 우리는 물러서지 않아!"

아기사자도 마찬가지였단다. 작은 발로 바닥을 긁으며 이빨을 드러내고 날카롭게 울부짖었어. 우두머리는 포코코와 아기사자의 꺾이지 않는 기세에 놀란 듯 몇 걸음 뒤로 물러섰지. 포코코는 그때를 노려서 다시 몇 걸음 앞으로 나아가며 몸을 숨길 곳을 찾았어.

그런데 영리한 하이에나 무리는 작전을 바꾼 듯 포코코와 아기사자를 둥글게 에워싸기 시작했어. 포코코가 뒤를 살피려 고개를 돌리는 순간, 하이에나 우두머리가 갑자기 아기사자에게 달려든 거야. 포코코는 발로 아기사자를 끌어당기며 막대기로 세차게 내려쳤어.

'케켕 캥' 하는 소리를 내며 우두머리는 공격에 실패했어. 하지만 아기사자를 한쪽 발로 거두는 바람에 포코코는 쓰러지고 말았단다. 하이에나들은 그 틈을 놓치지 않았어. 흙먼지를 일으키며 두 마리가 포코코와 아기사자에게 달려들었지. 밝은 달이 검게 가려졌어. 짐승의 억센 털이 포코코의 머리를 스치고 지나가는 게 느껴졌어. 포코코는 눈을 질끈 감으며 생각했지.

'이제 끝이구나……'

그런데 이게 어떻게 된 걸까? 공격하던 두 마리의 하이에나가 멀찌감치 떨어져 나뒹굴고 있는 거야!
처음엔 엄마 아빠와 마을 사람들이 구하러 온 거라고 생각했어. 그런데 도망치는 하이에나들을 바라보며 크게 울부짖고 있던 건……
코뿔소만큼 큰 수사자였어.

수사자는 몹시 화가 난 듯했어. 포코코는 저렇게 덩치가 크고 용맹한 사자는 하나밖에 없다고 생각했지. 바로 '심바'였던 거야!

포코코는 사자가 하이에나를 쫓는 동안 재빨리 자리에서 일어나서 아기사자를 안고 강가로 달리기 시작했어. 갈대숲을 지나고, 표범의 공격을 피해 숨었던 나무둥치를 뛰어넘었어.

강가에 왔을 때쯤 멀리서 불빛과 사람들 소리가 들리기 시작했어. 분명 포코코를 부르는 마을 사람과 엄마 아빠의 목소리였어.
포코코를 찾으러 배를 타고 강을 건너고 있는 게 틀림없었지.

포코코는 온 힘을 다해 소리쳤어.
"엄마, 아빠! 족장님! 저 여기 있어요!"

그때 배가 포코코가 있는 강변으로 돌아섰어. 포코코의 목소리
를 들은 게 분명해. 포코코는 아기사자를 안고 강에 뛰어들어 헤엄
쳐 가려고 했어.

그런데 그때 다시 밝은 달이 가려졌어. 심바가 강 앞을 가로막아
선 거야. 심바의 무성한 목덜미 털 뒤로 불을 환하게 밝힌 배가 오
고 있는 게 보였어. 그리고 마을 사람들이 포코코를 가로막은 사자
를 보고 내지르는 비명도 들렸지. 포코코는 아기사자를 꼭 끌어안
고 심바에게 말했어.

"심바님! 심바님은 사람의 말도 알아듣는다고 들었어요. 검은 강
을 건너온 건 실수예요. 용서해주세요. 그리고 제발 우리를 강 건
너로 돌아가게 해주세요!"

하지만 심바는 고개를 흔들며 '으르렁' 포효했어. 땅과 강이 울릴
정도로 큰 소리였지.

그런데 순간, 포코코의 품에 있던 아기사자가 빠져나가 달려들었어. 포코코는 심바를 공격하는 아기사자를 보며 "안 돼!" 하고 소리쳤어. 포코코는 막대기를 휘두르며 아기사자 뒤를 따라 달려들었어. 하지만 심바는 이빨로 간단히 막대기를 물어 저 멀리 던져버렸단다. 그러고는 커다란 앞발을 모아 아기사자와 포코코를 끌어안았지. 포코코의 눈에 엄청나게 크고 날카로운 심바의 이빨이 보였어.

마을 사람들이 급하게 활을 쏘아댔지만 거리가 너무 멀어 화살이 모두 강에 떨어지고 말았어. 사람들은 포코코가 사자 품으로 사라진 걸 보면서, 분명 포코코가 잡아먹혔을 거라고 생각했어……

얼마 후, 포코코는 눈을 떴어. 보고 싶었던 엄마 아빠의 얼굴이 보였어.

'아…… 내가 꿈을 꾸고 있나봐…… 아니면 천국에 있나?'

포코코는 생각했어. 그런데 엄마 아빠가 눈물을 흘리며 안아주자 꿈이 아니라는 걸 깨달았지. 포코코는 마을 사람들이 타고 있던 배 위에 있었던 거야. 영문을 알 수 없었어. 분명 심바가 자신과 아기사자를 날카로운 이빨로 물었다고 생각했거든.

그때 엄마 아빠 뒤에서 눈물을 닦고 있던 족장님이 와서 말씀하셨어.

"포코코야! 정신이 드니?"

"족장님…… 엄마, 아빠……! 제 동생 아기사자는요? 무시무시한 사자는요?"

족장님은 기쁨에 젖은 얼굴로 포코코를 끌어안으며 말했어.

"걱정 마라. 그 작고 용감한 네 동생은 아마도 심바의 아들이었던 것 같다. 심바는 처음엔 아기사자를 데리고 갈 생각이었는데, 네가 정신을 잃자 곁을 지켰지. 우리가 화살을 쏘고 창을 던지고 있는데도 끝까지 말이야. 네 곁에서 너를 핥아주면서 혹시 하이에나가 뒤쫓아 오지 않을까 살피고 있었단다."

이 이야기를 들은 포코코는 걱정스러운 얼굴로 물었어.

"심바나 아기사자가 다치지는 않았나요?"

족장님은 고개를 가로저었어.

"심바는 우리가 강을 다 건널 때쯤 아기사자와 함께 집으로 돌아갔단다."

족장님은 포코코에게 손을 보라고 눈짓했어. 포코코의 손에는 기다랗고 황금처럼 노란 털이 한 움큼 쥐어져 있었지.

"그건 심바의 목덜미 털이야. 이 세상에서 제일 용맹한 사자의 털을 갖고 있는 사람은 이 아프리카에서 포코코 너뿐이란다."

배가 다시 마을에 도착했을 즈음 비가 내리기 시작했어. 오랜 건기가 끝나고 이제 다시 생명이 꽃피는 시기가 왔음을 알리는 비였지.

포코코는 엄마 아빠의 손을 잡고 집으로 돌아가며 검은 강을 돌아봤어.
"심바님, 고맙습니다. 아기사자야, 고마워⋯⋯"

검은 강 너머에서 천둥번개가 치는 소리가 들렸어. 포코코는 그 소리가 심바와 아기사자가 자신에게 보내는 작별인사라고 믿었단다.

(끝)

10. 종합편

: 이야기의 4가지 법칙

과연 창작 법칙만으로 동화가 될까?

지금까지 창작 법칙의 기본 구조와 그 의미에 대해 이야기했다. 그런데 이런 질문이 뒤따를 듯하다.

> '과연 이 법칙들만으로 좋은 이야기나 동화가 만들어질 수 있을까?'

각각의 창작 법칙을 소개하면서 〈포코코 이야기〉를 창작 예시로 다루긴 했지만, 좋은 예시가 있다면 더 이해가 쉬울 듯하여 준비해보았다.

여기서 소개할 동화는 쉘 실버스타인의 『어디로 갔을까, 나의 한쪽은』(원제 *The Missing Piece*)이라는 유명한 작품이다. 『아낌없이 주는 나무』의 작가이기도 한 쉘 실버스타인은 창작 법칙의 단순한 구조만으로도 훌륭하고 시적인 동화를 만들어냈다. 줄거리는 대략 이렇다.

> 주인공은 자기 몸의 조각을 잃어버린 동그라미다. 게임 속 팩맨을 닮은 이 동그라미는 자신의 잃어버린 조각을 찾아 여행을 떠난다. 여행 중에 비나 눈을 맞기도 하고 산과 바다를 건너는 모험을 겪는다. 그리고 잃어버린 조각과 닮은 여러 친구들을 만나 이를 맞

취본다. 그리고 끝내 자신과 꼭 맞는 한쪽을 찾게 된다. 그런데 완벽한 동그라미가 된 기쁨도 잠시, 동그라미는 너무 빠르게 굴러 주변의 것들을 스쳐 지나게 된다. 입이 막혀 노래도 할 수 없게 된다. 결국 동그라미는 잃어버린 조각을 내려놓는다. 그리고 다시 노래를 하며 여행을 떠난다. 나의 잃어버린 조각을 찾는 노래를……

이 동화는 짧고 단순하지만, 아이는 물론 어른들에게도 재미있게 읽힌다. 생각할 점도 풍성하게 안겨준다. 창작 법칙의 각 요소가 효과적으로 활용된 작품이기 때문이다. 각각의 창작 법칙을 떠올려보면서 이야기를 바라보자.

0의 법칙 – 떠나는 이야기의 법칙
주인공은 일상을 떠나 낯선 공간을 여행하고 다시 처음의 모습으로 되돌아온다. 주인공이 여행을 통해 얻은 것은 아무것도 없을지 몰라도 분명한 차이가 있다. 그의 내면은 훌쩍 성장해 있다는 점이다.

동화 속 동그라미 역시 일상의 공간을 떠난다. 눈과 비가 내리고 꽃과 벌레가 있는 낯선 곳을 여행하고 원래 있던 자리로 원(O)의 모양을 그리며 돌아온다. 동그라미는 자신에게 딱 맞는 조각을 찾아 완벽한 모습이 되지만 그 상태로 끝나지 않는다. 동그라미는 그 조각을 내려놓고 다시 처음과 같은 모습으로 돌아간다. 주인공의 외모는 시작과 같은 이가 빠진 모습 그대로이며, 얻은 것은 없다. 얻은 것은 영(0)에 가깝다. 하지만 우리가 앞서 살펴봤듯, 이러한 원(O)을 닮은 회귀 구조는 성인식이나 통과의례처럼 주인공이 이야기를 통해 내적 성장을 했음을 효과적으로 보여준다. 동그라미는 처음과 같은 노래를 부르지만, 결말의 노래는 외적인 완벽함이 삶의 본질이 아님을 깨달은 '성장한 주인공'의 노래가 된다.

1의 법칙 – 결핍과 욕망의 법칙
주인공에게는 한 가지 결정적인 결핍이 필요하다. 그 결핍을 채우기 위한 욕망이 주인공을 낯선 여행으로 이끈다. 그 반복된 결핍의 여정으로 삶은 이뤄진다.

이 동화의 미덕은 결핍된 주인공을 표현하는 방식이다. 주인공의 성격이나 삶의 조건에 결핍을 녹이는 고차원적인 방식보다는 '이 빠진 동그라미'라는 직관적인 표현 방식을 택했다. 그림책이라는 점을 생각하면 이러한 직접적인 묘사가 아이들에게는 이해가 훨씬 쉬울 수 있다. 덕분에 주인공 동그라미의 결핍과 그의 욕망은 무척 선명하게 드러난다. 이가 빠졌으니 당연히 그것을 채워야 하지 않겠는가! 그리고 동그라미는 여러 모험과 경험을 통해 깨닫는다. 자신에게 내재된 근원적 결핍은 결코 해결 불가능한 것임을…… 동그라미는 그렇게 새로운 꿈을 꾸며 다시 길을 떠난다.

2의 법칙 – 외부와 내면의 여행 법칙
이야기에서 주인공의 여정은 외부뿐 아니라 내면으로의 여행이 동시에 이뤄진다. 내면의 여행은 진짜 이야기의 흐름이기에, 주인

공의 심리적 변화와 내적 성장이 드러난다. 설사 몸의 플롯을 보여
주는 이야기일지라도 내면의 묘사는 반드시 필요하다.

동그라미는 외부의 여행으로서 산도 오르고 웅덩이에 빠지거나 화살에 맞
는 등 여러 가지 사건을 겪는다. 그러나 그림책답게 그의 여정이 고통스럽지
만은 않음이 드러난다. 동그라미의 표정은 행복하고 즐거움으로 가득하다.
동그라미의 여정이 심리적 변화와 성장에 맞춰져 있다는 점은 결론에 이르러
서 명확히 드러난다. 만약 결핍에 따른 욕망으로서 잃어버린 한쪽을 찾는 것
이 목표였다면, 결말에서는 완벽한 동그라미로 이야기가 끝났을 것이다. 하
지만 작가는 주인공의 내면을 이야기의 중심에 두었기에, 동그라미는 잃어버
린 한쪽을 살며시 내려놓고 다시 결핍된 상태로 여행을 계속한다. 어떤 쪽이
더 깊은 의미를 가져다주는지는 굳이 설명할 필요도 없을 것이다.

3의 법칙 – 3막 법칙

1막에서는 자연적으로 사건이 뒤따를 수 있는 발단이 되는 (우연
한) 일이 필요하다. 2막에서는 주인공의 결정과 선택에 따른, 삶을
닮은 보편적 원리로 사건이 전개된다. 3막에서는 그 결과로 자연스
럽고 억지스럽지 않도록 이야기가 마무리되어야 한다. 그리고 그러
한 결과는 내외적인 완결인 동시에 심리적으로 충일한 만족감을 독
자에게 전해줘야 한다.

이 이야기에서의 발단이 되는 일은 동그라미가 한 조각을 잃어버리는 것이

다. 작가는 조각을 잃어버리게 된 이유에 대해서는 설명하지 않는다. 완벽한 동그라미가 이빨이 빠져 있다는 것만으로도 전체 이야기를 끌고 가기에 충분한 이유가 되기 때문이다.

2막에서는 잃어버린 조각을 찾는 모험으로 가득하다. 그리고 다양한 조각들을 만나 대화한다. 나는 누구의 부분도 아니라고 주장하는 조각과 만날 때는 그의 의견을 존중하는 선택을 하고, 다른 조각들과는 이를 맞춰보며 계속 목표 달성을 위한 시도를 이어간다. 이러한 과정들은 이야기에 나름의 내적 질서를 부여한다. 특히 나와 맞는 사람, 나와 맞지 않는 사람이 함께 사는 세계라는 삶의 보편적 원리를 비유적으로 잘 묘사하고 있다. 덕분에 우리는 동그라미가 사는 세계가 억지스럽다고 느끼지 않는다.

3막에 이르러서 주인공은 누군가가 나타나 조각을 건네주는 형태가 아닌, 자기 노력의 결과로 완벽해진 상태에 이른다. 하지만 외적 목표 달성이 내적 결핍까지 채워주지는 못한다는 사실을 자연스럽게 깨닫는다. 이야기는 다시 처음과 같은 구조로 돌아가지만 이미 깨달음을 통해 내적 성취를 이룬 주인공이기에, 그의 순환적인 여정의 시작은 처음과 다른 만족감과 여운을 남긴다.

창작의 마법과 삶의 관계

자, 지금까지 우리는 1장에서 이야기란 무엇인가에 대해 살펴보았고, 2장에서는 이야기를 만드는 기본적인 구조를 배워보았다. 지금까지의 창작 법칙을 한 줄로 요약하자면 아래와 같다.

부족한 주인공이 일상을 떠나, 내외부의 장애를 투쟁을 통해 극복하고 내면적으로 성장하고 돌아오는 것.

이해를 돕기 위해 간단히 도식화하면 다음과 같다.

이야기 = 말썽(부족한 인간 + 투쟁 + 부족함을 극복) → 성장

여기서 이야기의 속성을 살펴보자. 이야기는 성장의 씨앗을 품고 있지만, 동시에 그것은 투쟁과 극복이 필요한 '말썽'이라는 괴로운 물질로 코팅되어 있다. 당장의 이야기들을 떠올려봐도 주인공들이 겪는 말썽들은 없으면 좋을지도 모를 크고 작은 괴로움이다.

그렇다면 이야기는 삶과 어떤 관계가 있을까? 우리는 삶이 이러한 크고 작은 말썽으로 이뤄진 이야기의 집합체라는 걸 안다. 삶이란 말썽을 통한 성장이 끝도 없이 반복되는 과정이기 때문이다. 이를 이야기에 대입해보면 아래와 같이 표현할 수 있다.

이야기 1(부족한 인간 + 투쟁 + 극복)
+ 이야기 2(조금 성장한 인간 + 투쟁 + 극복)

+ 이야기 3(조금 더 성장한 주인공)

+ 이야기 4…

= 삶

이야기의 기본 구조는 시간적으로는 수천 년 전이나 지금이나 다를 바 없고, 공간적으로는 아프리카 오지나 서울 한복판이나 비슷하다. 우리가 이 단순한 구조에 마법처럼 빠져드는 이유는 삶이란 끝없는 말썽과 해결로서의 독립된 이야기의 연속이기 때문이며, 그 누적의 총합으로 우리의 삶이 존재하기 때문이다.

말썽쟁이 이야기와 좋은 삶

말썽을 좋아하는 사람은 없다. 말썽은 우리 마음의 평온을 깨뜨리고 스트레스를 준다. 그래서 본능적으로 말썽을 피하려 노력한다. 하지만 심각한 말썽의 대부분은 피할 수 없다는 것을 좀 살아본 사람(?)이면 안다. 그것은 교통사고와 같다. 내가 아무리 운전을 조심하거나 대중교통을 가려서 탄다 하더라도 사고는 돌발적이고 예상치 못한 순간에 일어나기 마련이다. 그렇다고 교통수단을 이용하지 않고 걸어 다니거나, 방구석에 틀어박혀 문을 잠그고 있는 것이 해결책이 될 수는 없다. 삶을 위해서 우리는 어쩔 수 없이 집을 떠나 여행해야 할 운명이기 때문이다.

그래서 모든 흥미로운 이야기에 늘 말썽에 맞닥뜨린 주인공이 있는 것이다.

미국의 연출가이자 저술가인 마이클 티어노가 지적했듯이 아리스토텔레스의 생각 역시 다르지 않았다. 그는 『시학』에서 3막 구조나 플롯, 캐릭터에 대해 많은 설명을 하고 있지만, 결론적으로 이야기의 내적 법칙으로 두 가지를 제시한다. 그 핵심은 역시 말썽complication, 복잡하게 꼬인 문제과 해결resolution이다.

모든 비극(진지한 이야기)에는 말썽과 해결이 있다.

―아리스토텔레스의 『시학』 18장 중

이야기는 말썽으로 시작해야만 한다. 그리고 이야기의 대부분은 말썽을 해결하는 과정에 대한 묘사로 채워진다. 주인공이 말썽에 어떻게 반응하고, 어떤 결심을 하고, 해결 과정에 나름의 인과적 질서를 부여하는가가 이야기의 핵심이다.

그러니 이야기의 존재 이유는 '이렇게 저렇게 하면 말썽이 생기니 조심해야겠다'가 아닐 것이다. 그런 교훈보다는, '삶에 이러저러한 말썽이 생기는 건 당연하니 받아들이자'에 가까울 것이다. 치명적인 말썽은 내가 피할 수 없는 어떤 것이라는 깨달음이야말로 모든 이야기, 그리고 인생살이의 대전제가 되기 때문이다.

하여 말썽은 하필이면 내게 찾아온 것이 아니다. 삶을 말썽의 총합으로 받아들인다면, 말썽이 오늘 우리에게 찾아온 것이야말로 아주 자연스러운 삶의 단면이다.

그러니 이야기를 통해 우리가 던져야 할 질문은 "우리가 말썽을 겪지 않고 살려면 어떻게 해야 하는가?"가 아니다. "주어진 말썽에 당황하거나 원망하지 않고, 이제 그 말썽을 어떻게 해결해나갈 것인가?"라는 물음이 더 적확한 질문이 될 듯하다.

수천 년 세월 동안 우리가 책을 읽고 이야기를 좋아하게 된 것도, 또 아이들에게 이야기를 들려주고 함께 나누고자 애쓰는 이유도, 바로 그 올바른 질문을 찾는 과정에 있다. 좋은 인생은 말썽 없는 삶이 아니라, 말썽을 잘 극복하고 어제와 다른 사람으로 조금씩 성장하는 오늘이라는 점을 생각할 때 더욱 그렇다.

3장

이야기 만들기

1. 이야기를
   직접 만드세요.

우리는 2장을 통해서 이야기를 만드는 법칙에 대해 살펴보았다. 이야기를 만드는 데 기본 법칙을 아느냐 모르느냐는 큰 차이가 있다. 기본 구조를 알고 있다면, 당장에 아이가 흥미를 갖도록 여러 방식으로 응용해볼 수 있기 때문이다. 무엇보다 우리가 다소 서툴게 이야기를 만든다 하더라도, 오랜 시간 켜켜이 쌓인 구조에 녹아 있는 삶의 통찰이 독자에게 흘러갈 것이라는 점에서 그렇다.

걱정할 필요는 없다. 앞서 말했듯 우리는 모두 훌륭한 이야기꾼이다. 상대가 흥미를 갖도록 소문의 핵심을 뒤로 미뤄두기도 하고, 자신이 강조하고 싶은 대목에서는 목소리와 눈을 과장되게 만들기도 한다. 중요한 것은 친구와 수다 떨며 나누던 즐거움의 순간, 바로 그 정서를 아이와 나누는 데 있다. 창작의 과정, 아이가 독자가 되어 이야기를 듣는 순간은 확실히 '즐거움'에서 출발하기 때문이다.

지금까지 배운 법칙에 집착하며 하나의 이야기에 모든 법칙을 담아내려 애쓰지는 않아도 된다. 어떤 때에는 주인공이 떠나는 구조만 사용할 수도 있고, 어떤 이야기에서는 주인공과 악당 캐릭터가 쌍둥이와 같다는 대립 구조만 활용해도 좋다.

처음부터 잘하려고 애쓰지 않는 게 중요하다. 이야기를 하는 사람이 먼저 즐거운 기분이 되는 게 훨씬 중요하다. 다시 말하지만 그 흥겹고 따뜻한 정서야말로 창작의 기본이다. 무엇보다 사람들은, 특히 아이는 고통이나 의무감, 부담감에 시달리며 만들어진 이야기를 금방 알아차리기 마련이다.

책 읽기도 마찬가지다. 아이에게 책 읽는 모범을 보이겠다고 책을 드는 부모들이 많다. 하지만 부모 스스로가 그 과정을 즐기지 못한다면 소용이 없다. 아이는 활자의 수렁 속에서 몸부림치다 떠내려가는 부모의 모습을 금세 알아채기 때문이다. 그러니 부담감이 아니라 스스로 가볍고 즐거운 마음을 가질 필요가 있다.

그런데 글을 써본 경험이 없거나, 창작의 기쁨을 느껴보지 못한 입장에서는 마냥 가벼운 마음은 아닐지도 모른다. 그런 분들을 위해 3장에서는 실제 아이와 이야기를 나누고 함께 만드는 여러 가지 아이디어를 나누고자 한다. 이야기꺼리를 찾는 법, 일상 속에서 힘들이지 않고 이야기를 만들고 함께 노는 사례들을 소개하고자 한다. 이 과정이 창작자의 마음을 가볍게 하고, 실제 이야기를 만드는 데 도움이 되리라 생각한다.

이야기를 즐거운 마음가짐으로 시작하는 것과 함께 창작의 기쁨을 누리는 또 한 가지 방법이 있다. 작은 목표를 정해보는 건데, 바로 엄마 아빠가 지어낸 동화를 진짜 책으로 만들어보는 것이다. 그러니 아이에게 만들어준 이야기는 노트나 블로그 같은 데 틈틈이 기록해두면 좋다. 시간 날 때마다 휴대폰이나 태블릿PC에 그림을 그려보면 더욱 좋다.

지금은 과거와 달리 비교적 저렴하고 쉽게 일반 출판물과 흡사한 품질의 책을 만들 수 있다. 이 방식은 실질적인 동기부여가 되고, 특히 구체적인 결과물을 얻을 수 있다는 점에서 권할 만하다. 아이와 우리 가족에게도 아주 특별한 선물이 될 것이 분명하다. 이 부분은 3장 말미에서 다루도록 하겠다.

아이와 함께하는 시간은 축복이다. 엄마 아빠가 '놀아주는' 의무감과 부담감이 겹친 시간이 결코 아니다. 어깨에 힘을 빼고 너무 잘하려 애쓰지 않도록 주의하자. 우리 부모님도 완벽하지 않으셨음을 기억하자. 우리가 좋은 사람, 훌륭한 성인으로 성장할 수 있었다면 그것은 부모님의 인격적 완벽함이 아니라 부모님이 보여주신 흔들림 없는 사랑 때문이었음을 생각할 때이다.

자, 이제 이야기를 만드는 즐겁고 낯선 길로 함께 떠날 때가 왔다. 흔들흔들 어깨에 힘을 빼고, 아이의 손을 잡고 낯선 세계로 떠나보자!

2. 익숙한 동화를
   다르게 생각해봐요.

익숙한 동화 다르게 이야기하기

엄마 아빠는 이제 창작 마법의 기본인 마법봉을 가지게 되었지만, 여전히 낯설고 막막하다.

어떤 이야기를 하지?
아이가 시시하게 느끼면 어떡하지?

전에도 말씀드렸듯이 긴장할 필요는 없다. 면허를 따고 처음 운전대를 잡았을 때를 떠올려보자. 초보 시절에는 일단 익숙한 길을 달리는 게 중요하다. 어디쯤에 신호등이 있고 차선이 어떤지를 이미 알고 있다면, 게다가 풍경이 늘 봐오던 익숙한 곳이라면 마음이 편안해지고 운전이 쉬워진다. 마찬가지다.

아예 새로운 이야기를 만드는 게 어렵게 느껴진다면, 일단 아이가 가장 좋아하는 이야기를 떠올려보자. 만약 아이가 『아기돼지 삼형제』를 좋아한다면, 줄거리는 그대로 두고 늑대가 주인공인 이야기를 만들어보자. 실제로 『아기돼지 삼형제』를 비롯해 익히 알려진 동화에서 주인공을 바꾼 이야기는 의외로 많다. 배고픈 늑대가 돼지를 잡으러 가는 이야기로 주인공을 바꾸면 자연스럽게 이야기의 관점이 바뀐다. 여기에 덧붙여 우리가 배운 창작 0-1-2-3 법칙을 군데군데 활용해보면 효과 만점이다.

아래는 늑대가 주인공인 『아기돼지 삼형제』 이야기다. 주인공이 바뀌었으니 제목은 '게으른 늑대와 돼지'로 해보면 어떨까? 이제 익숙한 이야기가 어떻게 바뀌는지, 또 창작 법칙들이 어떻게 사용되는지 살피며 읽어보자.

게으른 늑대와 돼지

옛날 옛날에 아주 게으른 늑대가 살았어요. 얼마나 게을렀느냐면 사냥은커녕 밥을 차려줘도 누워서 입만 뻥긋 벌릴 뿐 스스로 먹는 법이 없었지요. 엄마 아빠가 틈날 때마다 밖에 나가 사냥하는 법을 알려주겠다고 했지만, 게으른 늑대는 꿈쩍도 하지 않았어요.

그러던 어느 날 할아버지 생신이 되었어요. 엄마 아빠는 게으른 늑대에게 함께 가자고 말했어요. 하지만 늑대는 방에서 뒹굴거리면서 가지 않겠다고 했어요. 엄마 아빠는 할 수 없이 둘이서 떠나며 늑대에게 말했어요.

"얘야, 집에는 먹을 게 없으니 배가 고프면 재 너머 할아버지 댁으로 오렴. 너는 사냥하는 법을 배우지 않았으니 혼자서 사냥하지는 말고. 알았지?"

늑대는 듣는 둥 마는 둥 "예" 하고 대답하며 생각했어요.

'사냥이 뭐가 어렵다고 그러시지? 난 날카로운 이빨을 가진 똑똑한 늑대인데 말야……'

저녁이 되었어요. 아직은 배가 고프지 않았어요.

밤이 되었어요. 조금 배가 고팠어요.

그리고 다음 날 아침이 되자 배가 홀쭉해졌어요.

'아…… 배고파…… 할아버지 댁에 가야 되나? 하지만 재를 넘어가는 건 너무 귀찮아. 그냥 사냥을 하자!'

늑대는 엄마 아빠의 당부를 어기고는 오랜만에 집을 나와 길을 걸었어요. 숲 속의 새들이 늑대를 보고 재잘거리며 노래했어요.

"늑대가 나타났다!

배고픈 늑대는 무엇이든 잡아먹지.

날카로운 이빨로 무엇이든 물어뜯지.

영리한 늑대는 무엇이든 사냥하지."

늑대는 우쭐거렸어요. 숲 속 짐승들 모두가 자신을 뛰어난 사냥꾼으로 봐주는 것 같았거든요. 그때 어디선가 '드르렁드르렁~ 꿀꿀' 하는 소리가 들렸어요. 살금살금 다가가 보니 통통하게 살이 찐 돼지가 자고 있는 게 보였어요.

'흥! 저런 게으른 돼지 같으니…… 정말 한심하군! 대충 지푸라기로 집을 짓고 잠을 자고 있다니 말이야.'

늘대는 숨을 크게 들이쉰 다음 후우욱! 지푸라기를 불었어요. 지푸라기 집은 이내 날아가버리고 깜짝 놀란 돼지가 뛰기 시작했어요. 하지만 사냥이 서툴렀던 늘대는 돼지를 잡지 못했어요. 숲 속의 새들은 깔깔 웃으며 노래했어요.

"게으른 돼지가 늘대에게 잡아먹힌다.
하지만 그 늘대는 사냥할 줄 모르는 게으른 늘대라네."

늘대는 새들의 노래를 듣자 기분이 언짢아졌어요.

'흥! 게으른 늘대라고? 멋지게 돼지를 사냥해서 내 실력을 보여주마!'

돼지의 발자국을 따라가 보니 엉성한 나무로 지은 통나무집이 나타났어요. 그 안에는 아까 도망친 돼지보다 더 살이 찐 돼지가 예전의 늘대처럼 누워서 밥을 먹고 있었어요. 늘대는 망설임 없이 다시 후우우욱! 하고 바람을 불었어요. 그러자 엉성한 집은 폭삭 무너지고 이번엔 돼지 두 마리가 달아나기 시작했어요. 늑대는 두 마리 돼지가 뛰기 시작하자 어떤 녀석을 잡을지 몰라 우왕좌왕하다가 결국 두 마리 다 놓치고 말았지요. 새들은 아까보다 더 크게 웃으며 재잘댔어요.

"게으른 돼지와 누워서 밥 먹는 돼지가 늑대에게 잡아먹힌다.
하지만 그 늑대도 누워서 밥 먹는 게으른 늑대라네."

늑대는 새들의 노랫소리에 점점 화가 나기 시작했어요. 두 마리 돼지를 쫓아가 보니 이번엔 벽돌로 지은 집이 나타났어요. 집 안에는 헐떡이는 돼지 두 마리와 초롱초롱한 눈망울을 한 작은 돼지가 보였어요. 늑대는 후욱! 하고 입바람을 일으켰지만 집은 꿈쩍도 하지 않았어요. 이번엔 벽을 발로 차보았어요. 아얏! 늑대 발만 아플 뿐이었죠. 숲 속의 새들을 깔깔거리며 다시 '사냥 못하는 게으른 늑대 노래'를 부르며 웃었어요.

늑대는 흥! 콧방귀를 뀌었어요.

'내가 얼마나 영리한지 모르나 본데…… 지붕 위 굴뚝으로 들어가서 세 마리 모두 잡아먹어주마. 그럼 숲 속의 새들이 노래를 하겠지? 우리 숲에서 가장 사냥을 잘하는 늑대라고 말이야.'

늑대는 끙끙거리며 지붕으로 올라가 굴뚝을 타고 내려갔어요. 그런데 어디선가 탄내가 났어요.

'킁킁…… 뭐지? 누가 요리를 하나?'

그때 꼬리 쪽에서 불길이 확 일었어요. 돼지들이 굴뚝 아래 아궁이에 불을 지피고 있었던 거예요! 늑대는 "앗 뜨거워!" 하고 소리를 지르고는 달아나기 시작했어요. 돼지 세 마리는 깔깔 웃어댔고, 숲 속의 새들도 자지러지게 웃으며 노래했어요.

"집에서 잠만 자던 늑대가 도망간다.
누워서 밥만 먹던 늑대가 도망간다.
사냥할 줄 모르는 게으른 늑대가 도망간다!"

새들의 노랫소리는 온 숲 속에 울려 퍼졌어요. 할아버지 댁에 있던 엄마 아빠도 그 노래를 들었죠.

얼마 뒤 게으른 늑대가 재 너머 할아버지 집에 도착했어요. 예상대로 행색이 형편없었어요. 배는 홀쭉했고 꼬리는 검게 그을려 있었죠. 할아버지 할머니, 엄마와 아빠는 달려 나와 늑대를 맞아줬어요. 늑대는 엄마 아빠를 보자 눈물이 날 것 같았어요. 가족들은 늑대를 위로해주면서 맛있는 음식을 차려주었어요. 늑대는 밥을 먹는 대신 눈물을 훔치며 말했어요.

“이제 앞으로 누워서 밥 먹지 않을게요. 그리고 열심히 사냥을 배울래요. 엄마 아빠처럼 훌륭한 사냥꾼이 될래요……”

엄마 아빠는 기특한 마음이 들어 게으른 늑대를 꼭 안아주었어요.

숲 속의 새들이 그 모습을 보며 노래했어요.

“게으른 늑대는 밥을 잘 먹기로 했대요. 사냥도 열심히 배우기로 했대요.
돼지들아, 조심해! 게으른 늑대가 훌륭한 사냥꾼이 될 테니!
지푸라기 집은 안 돼! 통나무집도 안 돼!
게으른 돼지들아, 조심해! 영리한 사냥꾼 늑대가 잡으러 갈 테니!”

새들의 노랫소리는 밤새 숲 속에 울려 퍼졌어요.

(끝)

익숙한 일상과 다른 세계

사실 이미 알고 있던 이야기를 바꿔 말한다고 하면 좀 시시하게 느껴질 때가 많다. 흉내 내기 아닌가?'라는 반응이 있을 수도 있고, 이미 있던 이야기를 바꿨으니 창의적으로 보이지도 않는다.

그런데 과연 그럴까?

『아기돼지 삼형제』 이야기는 처음에는 재미있다. 하지만 시간이 지나면서 신선함은 사라진다. 『아기돼지 삼형제』가 지겨워질 때쯤 등장한 늑대가 주인공인 이야기는 아이에게는 '새로운' 경험이 된다. 요컨대 '익숙한 신선함'이 찾아오는 것이다. 게다가 못된 악당 정도로 알고 있던 늑대에게도 엄마 아빠가 있었다니, 나처럼 게으른 면모도 있다니 신기하다. 그렇게 아이는 하나의 이야기에 **다양한 모습과 관점**이 있음을 깨닫게 된다.

상상력과 창의력의 핵심은 아무것도 없는 무에서 유를 창조하는 데 있는 게 아니라 '새로움'에 있다. 새로움은 세계를 창조하는 과정에서만 오는 것은 아니다. 그저 서 있는 위치를 바꾸는 것만으로도 새로움은 가능하다. 이쪽에서 못 보던 풍경이 저쪽에서 보인다면 그 역시 새로움이다.

예를 들어 우리는 소설가나 웹툰 작가들의 일상 묘사를 보면서 감탄하곤 한다. 그리고 저들 주위에는 우리 일상과는 다른 신나고 재미있는 일들이 '소설'이나 '만화'처럼 일어난다고 생각한다. 익숙한 일상과는 다른 세계가 존재한다고 짐작한다. 하지만 작가들의 일상은 우리와 별반 다를 것이 없다. 다만 그들에게는 일상을 보는 다른 눈, 관점이 있고 우리는 일상의 새로움을 쉽게 지나친다는 차이가 있을 뿐이다.

그렇다면 익숙함을 새롭게 바라볼 수 있는 '눈'을 갖는다는 의미는 무엇이며, 어떻게 가능할까?

아래 이야기에 귀기울여보자.

어느 시골 소년이 갖게 된 새로운 '눈'

시골 소년에게는 일상이 무료하다. 긴 등하굣길에 마주하는 풍경은 매일 똑같고, 숲과 나무는 그저 계절에 따라 색이 변할 뿐 재미있는 것이라곤 하나도 없다. 그러던 어느 날 소년은 학교에서 '문화영화'를 보게 된다. 아무도 관심을 보이지 않는 시시한 내용이다. 그런데 무심코 스쳐 지나간 한 장면이 소년의 눈을 사로잡는다.

그것은 바람을 따라 이리저리 흔들리는 벚나무의 잎사귀였다. 소년이 질리도록 봐왔으나 단 한 번도 유심히 보지 않았던 잎사귀의 미세한 흔들림. 정말 그런 모습일까? 궁금증이 생긴다. 다음 날 아침, 소년은 시냇가에 늘어선 감나무를 찾아간다. 그리고 조용히 흔들리는 감나무 잎사귀와 물방울을 바라보고 또 바라본다. 바람이 전혀 느껴지지 않았음에도 감나무 잎사귀는 정말로 그렇게 하늘거리고 있음을 발견한다. 소년은 그 광경을 이렇게 묘사했다.

'빗방울'에 풍경이 비치고 있다. '물방울' 속에 다른 세계가 있다.

소년이 시를 쓰기 시작한 건 우연이 아니다. 일상을 바라보는 전혀 새로운 눈을 갖게 된 소년이 할 수 있는 게, 일상에 감춰진 이 놀랍도록 낯선 세계를 그리는 것 말고 무엇이 있을 수 있겠는가? 소년은 후에 노벨문학상을 수상하게 된다. 그가 바로 오에 겐자부로다(오에 겐자부로의『'나'라는 소설가 만들기』참조).

낯설게 바라보도록 하는 것이 이야기의 사명

낯설게 하기는 러시아 형식주의자들이 만든 말이다. 문학이나 예술의 사명은 이미 만들어진 무언가를 찾거나 아는 것(인식)이 아닌, 그 무언가에서 새로운 의미를 발견하고 깨닫는 과정(지각)에 있다는 뜻이다.

우리의 삶은 다분히 뻔하다. 새로운 것은 없다. 붐비는 지하철, 꽉 막힌 차량 행렬 속에 스쳐 지나던 풍경 역시 매일 똑같다. 어린 오에 겐자부로가 지나치던 등굣길 숲처럼 말이다. 이런 일상에 매몰되어버리면 어제와 오늘의 구분이 없어진다. 시간은 멈추고 사고와 감각도 서서히 정지한다.

왕가위의 영화 〈중경삼림〉에서는 이러한 일상과 낯섦의 경계가 잘 드러난다. 홍콩의 경찰 양조위의 일상은 단조롭다. 매일 같은 장소에서 커피를 마시고, 정해진 스케줄에 따라 순찰을 돈다. 그를 짝사랑하는 여인이 자신의 아파트에 들러 슬리퍼를 바꿔놓거나 통조림을 바꿔치기해도 그는 알아차리지 못한다. 무료한 일상이 그의 모든 감각을 앗아간 것이다. 하지만 그가 그 여인에게 관심을 가진 순간, 집 안의 변화가 한눈에 들어온다. 거울에 붙여놓은 사진, 어항의 물고기, 욕실의 새 걸레까지…… 사랑의 감정이 그의 일상을 뒤흔들었고 감각을 깨운 것이다.

'낯설게 하기'는 사랑에 빠진 사람의 감각이 되살아나는 것처럼, 일상의 뻔하고 자연스러운 반응을 깨는 것에 이야기의 목적이 있다는 방법론이다. 따라서 작가들은 일상적인 말을 바꾸어 사용하기도 하고, 영화 감독들은 극단적인 클로즈업이나 롱테이크 등의 기법으로 일상을 낯설게 만들어 관객이 **새롭게 일상을 지각할 수 있는 틈**을 만들어준다.

그 스스로가 밝혔듯, 흔들리는 벚나무의 나뭇가지에 감동한 어린 오에 겐자부로에게 찾아온 것이 바로 이 **낯설게 하기**라는 마법이었다.

새로움을 느끼기 위해 중요한 것은 바로 지금 서 있는 위치를 바꾸는 것이다. 등굣길 풍경을 스쳐 지나가는 게 아니라 시냇가로 내려가 감나무 잎사귀를 바라보는 자세만으로 관점이 바뀌고, 시야에 들어오는 것은 전혀 새로운 경험이 된다. 일상에 파묻혀 배경으로 존재하는 '나' 대신, 도리어 '나'에서 벗어나 낯선 '나'를 찾아야 한다. 인생에서 한 걸음 떨어져 아이와 같은 낯선 시선으로 세계를 받아들여야 하는 것이다.

매일을 새롭게 사는 방법

인지심리학자들에 따르면 나이를 먹을수록 시간이 빨라지는 이유가 뻔한 일상에서 오는 '지각의 둔화'와 관계되어 있다고 한다. 아이의 눈에는 모든 것이 새롭다. 기억은 촘촘히 기록되고 그만큼 체감적 시간은 늘어난다.

성인이 된 우리는 아이와 다르다. 똑같은 하루를 살지만 이미 다 들어본 이야기, 익숙하게 겪어온 말썽일 때가 많다. 따라서 '익숙한 동화를 다르게 생각하기'는 아이보다는 엄마 아빠의 성장을 위한 목적일 때 더 의미가 있는 것인지 모른다.

물리적인 시간을 되돌릴 수는 없다는 전제하에, 오늘을 새롭게 살 수 있는 유일한 방법은 타성화되고 자동화된 반응을 물리치는 데 있기 때문이다. 그리고 엄마 아빠에게는 누구보다 좋은 조건이 갖춰져 있다. 하루하루 쑥쑥 자라는 아이가 있고, 그 아이의 눈으로 바라본 세계를 함께 나누고 경험할 수 있는 시간이 주어지기 때문이다. 한 걸음 떨어져 연극 객석에 앉아 나와 아이, 그리고 오늘의 일상을 볼 수 있다면, 그때의 나와 나의 삶은 전과 같지 않을 것이다.

그러니 아이를 위해서도, 또 일상의 새로움을 발견하기 위해서도 **다르게 보고 다르게 이야기하기**를 시도해보자.

그러므로 생활 감각을 다시 갖기 위하여, 대상들을 느끼기 위하여, 돌이 정말로 돌이라는 것을 느끼기 위해 우리가 예술이라 부르는 것이 존재하는 것이다.

　　예술이란 대상의 생성을 느끼는 하나의 방법이며, 이미 생성된 것은 예술에 있어서 중요하지 않은 것이다.

-빅토르 슈클로프스키의 『기법으로서의 예술』 중

3. 『이솝 우화』를
   응용해보세요.

『이솝 우화』의 이솝은 누구일까?

「토끼와 거북이」, 「신 포도와 여우」, 「서울쥐 시골쥐」, 「해와 바람」 등의 이야기를 기억하시는지? 이 이야기들이 모두 『이솝 우화』라는 사실도 알고 계시는지?

『이솝 우화』는 '이솝'이라는 사람이 쓴 책으로 알려져 있다. 이솝은 기원전 6세기경 그리스 지역에 살던 사람으로, 그리스식 이름은 '아이소포스'다. 이솝은 고대 그리스 학자들의 책에 종종 등장하긴 하지만, 그의 삶에 대해서는 명확히 알려진 바가 없다. 노예로 살다가 자유인이 되었다는 설도 있고, 정치적인 문제에 휘말려 살해되었다는 설도 있다. 그의 출신과 관련해서는 이솝이라는 특이한 이름과, '아이티오피아(지금의 에티오피아) 사람을 하얗게 씻기기'라는 우화가 이솝 자신의 이야기를 그린 것이라는 점을 전제로 아프리카 흑인이라는 추측도 있다. 물론 그가 실존 인물이 아니라고 주장하는 학자들도 있다.

어쨌거나 『이솝 우화』는 기원전부터 사람들에게 꽤 인기가 있었다. 잘 팔리는 브랜드나 디자인을 후속 상품들이 따라 하듯, 그가 죽은 이후에도 대개의 우화들은 '이솝 우화'라는 명칭으로 발표되었다. 그 덕분인지 『이솝 우화』에는 각양각색의 이야기와 캐릭터가 등장한다. 그리스의 익히 알려진 신들뿐 아니라, 아프리카, 심지어 인도 지역의 다양한 동물들까지 이름을 올렸다. 한마디로 당대에 인기 있는 콘텐츠가 시대와 지역을 초월해 광범위하게 전래되며 『이솝 우화』라는 이름으로 자리 잡게 된 것으로 보인다.

『이솝 우화』의 인기는 지금도 여전하다. 이솝이 살았던 기원전 6세기경은 우리의 고조선 시대에 해당한다는 점을 떠올려보면 이야기의 힘이 얼마나 대단한지 새삼 느끼게 된다. 집집마다 아이들 서가에 「토끼와 거북이」, 「해와 바람과 나그네」가 빠지지 않고 꽂혀 있으니 말이다. 고조선 시대에 지구 반대편 그리스 사람들이 듣던 이야기를 지금 우리도 읽고 있다니, 정말 대단하지 않은가?

짧은 『이솝 우화』와 동화 만들기

우리는 『이솝 우화』의 대부분을 그림책이나 애니메이션, 동화극으로 듣고 알게 된다. 그런데 원전이라고 할 수 있는 『이솝 우화』 **정본**을 본다면 깜짝 놀랄 수도 있다. 일단 우리가 아는 이야기라고 하기에는 뭔가 엉성하고 불친절하다. 예를 들어 「황금알을 낳는 암탉」을 보자.

> 어떤 사람이 황금알을 낳는 예쁜 암탉 한 마리를 갖고 있었다. 그는 암탉의 몸속에 금덩이가 들어 있는 줄 알고 암탉을 죽였다.

> 그러나 그 암탉은 여느 암탉과 똑같았다. 그는 단번에 부자가 되려
> 다가 가지고 있던 작은 이익마저 잃고 말았다.
>
> —『이솝 우화』, 천병희 옮김, 도서출판 숲

　재미있는 동화를 상상했는데 실제로는 몇 줄 되지 않는 줄거리에 가깝다. 이유야 여러 가지겠지만, 책이 귀하던 시절에 입으로 이야기를 전달하다 보면 상세한 상황 설명은 생략되기 마련이다. 당장에 「토끼와 거북이」 이야기가 뭐냐고 묻는다면, "토끼와 거북이가 경주를 했는데 자만한 토끼가 잠을 자서 거북이가 이겼다는 이야기지 뭐……"라고 설명하는 것과 비슷한 이치일 것이다.

　결국 서가에 꽂힌 멋진 전래동화나 잠자리에서 부모가 들려주는 이야기는 짧은 이야기를 누군가가 풍성하게 다듬어준 결과물임을 깨닫게 된다. 실제로 프랑스 시인이자 우화 작가로 유명한 라퐁텐도 『이솝 우화』를 다듬은 작품을 많이 썼다고 한다. 요컨대 짧은 우화를 풍성한 이야기로 고치는 건 무척이나 자연스러운 일이다. 더 생각할 것 없이 엄마 아빠가 직접 해보면 어떨까?

　집에서 아이가 이야기에 목말라한다면, 매번 새로운 동화책을 사거나 빌려 읽는 대신, 『이솝 우화』 정본을 한 권 구해놓고 이야기에 직접 살을 붙여 들려줘보자. 한 권에 무려 300개가 넘는 이야기가 담겨 있고, 개중에는 전혀 알려지지 않은 재미있는 우화도 많으니 얼마나 좋은가? 경제적으로도 좋

고……

　무엇보다 『이솝 우화』는 우화답게 풍자와 교훈을 목표로 하고 있다. 아이에게 교훈이 필요한 시점에, 적절한 우화를 빼내어 아빠나 엄마가 들려준다면 더없이 좋은 교육의 기회가 될 수 있을 것이다.

생활 속에서 『이솝 우화』 들려주기

　어느 날 유치원에서 돌아온 딸이 풀이 죽어 있다. 엄마는 딸에게 사과를 건네며 무슨 일이 있었느냐고 넌지시 물었다. 어린 딸은 시무룩한 표정으로 말했다.

　　"유치원에서 비행기 종이접기를 했는데, 친구들은 비행기를 세
　　개나 만들었는데 나는 하나밖에 못 만들었어요……"

　그러면서 딸은 구겨진 비행기를 엄마에게 내밀었다. 그날 저녁 엄마는 『이솝 우화』를 뒤적거리다가 아래와 같은 짧은 이야기를 발견했다.

　　「암사자와 여우」

　　새끼를 한 마리밖에 낳지 못한다고 여우가 암사자를 헐뜯자 암
　　사자가 말했다. "한 마리이지만 사자야."

엄마는 잠들기 전 이야기를 해달라며 다가온 딸의 머리를 쓰다
듬으며 이야기를 시작했다.

「암사자와 여우」

옛날 옛날에 여우가 살고 있었대. 여우는 매년 새끼를 세 마리나
낳았어. 덕분에 여우가 사는 굴은 언제나 북적북적했지. 여우는 새
끼를 많이 낳는 자신이 무척 자랑스러웠어. 그때 여우굴 앞으로 엄
마 사자가 아기사자 한 마리를 데리고 지나가고 있었어.

여우는 엄마 사자에게 다가가서 말했어.
"안녕하세요, 사자님?"
엄마 사자도 여우에게 인사했어.
"안녕하세요, 여우님?"

여우가 으쓱대며 말했어.
"제 새끼들을 보세요. 하나, 둘, 셋, 세 마리나 된답니다."
엄마 사자가 웃으며 대답했어.
"네, 아주 멋진 여우들이네요."

여우는 아기사자를 보면서 말했어.

"저는 매년 새끼를 세 마리씩 낳지요. 작년에도 세 마리, 올해도 세 마리, 내년에도 세 마리를 낳을 거예요. 하지만 사자님은 겨우 한 마리씩만 낳다니, 참 안됐어요."

여우는 엄마 사자에게 자신이 얼마나 훌륭한지 뽐내고 싶었던 거야. 그런데 그때 풀숲에서 사나운 멧돼지가 나타났어. 달콤한 고구마를 찾는 멧돼지가 여우굴을 무너뜨릴까 걱정된 여우들은 모두 달려들어 으르렁거렸어. 하지만 멧돼지는 작은 여우들 따위는 전혀 신경 쓰지 않고 땅을 파헤쳤어.

엄마 사자는 아기사자에게 여우들을 도와주라고 말했지. 아기사자는 멧돼지에게 가서 입을 하품하듯 크게 벌리며 '우왕' 소리를 냈어. 멧돼지는 사자를 보자마자 깜짝 놀라 꽁무니를 내뺐지.

엄마 사자는 머쓱해진 여우에게 다가가서 말했어.
"여우님 말씀대로, 저는 매년 한 마리씩밖에 새끼를 낳지 못한답니다. 하지만 저는 모든 동물들의 왕인 사자를 낳지요."

여우는 무조건 많다고 좋은 건 아니라는 걸 깨달았어. 그리고 함부로 남을 우습게 봐서도 안 된다는 걸 알게 됐단다.

엄마는 이야기를 마치고 딸에게 말했다.

> "여우와 사자 이야기처럼 무조건 많다고 좋은 건 아니고, 또 적다고 나쁜 것도 아니란다. 종이비행기도 마찬가지야. 엄마는 많이 만드는 것보다 정성스럽게 만든 우리 딸의 비행기가 더 좋단다."

엄마는 딸을 꼭 안아줬다. 그리고 다음 날 딸과 함께 비행기에 예쁘게 색칠을 하고는 공원에 나가 함께 비행기를 날려보았다. 정성스럽게 색칠된 비행기는 오랫동안 멋지게 하늘을 날아다녔다. 딸아이의 환한 웃음도 비행기와 함께 훨훨 하늘을 날았다.

이솝의 우화들은 아이들을 기쁘고 즐겁게 해주면서 동시에 성인들에게도 유용한 생각거리들을 제공한다. 만약 당신의 아들이 그 교훈들을 평생 기억하고 있다면, 어른이 되어 여러 가지 생각과 중요한 사업을 할 때 그것에 부합되는 이야기가 그 『이솝 우화』 속에 있음을 발견하고는 어릴 때 그 책 읽은 것을 후회하지 않을 것이다.

－존 로크의 『교육론』 중

---

4. 아빠 엄마의
　　일상을 들려주세요.

아이에게 회사일 들려주기

골치 아픈 회사일이 며칠째 아빠를 괴롭히고 있다. 윗선을 타고 내려온 프로젝트가 문제였다. 정상적인 검토 과정을 거친다면 거절되어야 마땅한 제안이었지만, 프로젝트를 들고 온 회사는 '당연히' 윗분들과 친했다. 상황 파악이 빠른 담당부서는 이 핑계, 저 핑계를 둘러대며 아빠가 있는 쪽으로 프로젝트 검토를 떠넘겨버렸다. 엎친 데 덮친 격으로 이번 승진인사를 기대하고 있는 부장이 덥석 그 제안을 맡아버린 것이다.

이 건은 진행해서는 안 된다고 보고를 했으나 전혀 먹히질 않았다. 집에 돌아오면 회사일 따위 훌훌 털어버리기로 다짐했지만, 저녁을 먹을 때도, 아이를 안고 있을 때도 생각이 꼬리를 문다. 평소와는 달리 심각한 얼굴을 하고 있자 아들은 "아빠 왜 안 놀아줘요?" 하고 묻는다. 회사일 생각하고 있다고 대답하자 아들은 "무슨 일?" 하고 되묻는다. 평소라면 '이 녀석에게 푸념을 할 수도 없고……'라고 생각했을 테지만, 동화 창작 책을 읽어왔던 아빠는 문득 '그래, 이것도 이야기로 만들어 들려줘볼까?'라는 생각을 한다. 아빠는 프로젝트 표지에 그려져 있던 바다사자가 떠올랐다.

바다사자와 아빠

며칠 전에 말이야…… 아빠 회사에 바다사자가 찾아왔단다. 그 친구는 자기가 아주 똑똑하고 능력이 있다고 생각했어. 그래서 작은 숲 속 친구들을 위해 리본이 달린 멋진 선물상자를 함께 만들자고 하는 거야……

아들은 귀를 쫑긋 세운다.

그런데 함께 선물상자를 만들려면 내가 정말 잘 만들 수 있을지, 아니면 옆집에 사는 토끼나 개구리가 나보다 더 잘 만들지를 생각해 봐야겠지? 아들은 고개를 끄덕거리며 "응" 하고 대답했다. 아빠는 바다사자를 찬찬히 살펴봤어. 그런데 손가락에 물갈퀴가 달려서 엄청 두꺼운 거야. 그래서 말했지.

"바다사자 아저씨, 미안하지만 그런 손가락으로는 작고 예쁜 리본을 만들 수 없어요."

그러자 바다사자가 갑자기 화를 냈어. 물갈퀴를 휘휘 둘러대면서 말이야.

"나는 리본을 만들 수 있어! 나는 선물상자를 만들 수 있어!"

그래서 아빠가 물어봤지.
"좋아요…… 그럼, 리본을 만들어본 적은 있나요?"

바다사자는 여전히 화를 내면서 말했어.
"나는 리본을 만들 수 있어! 나는 선물상자를 만들 수 있어!"

아빠는 그럼 어떤 선물상자를 만들 건지 물어봤단다. 그러자 바다사자가 이번에는 품에서 무언가를 꺼냈지. 그런데 그건 작년 크리스마스에 숲 속 친구들에게 나눠줬던 선물상자와 색깔만 다를 뿐 똑같은 것이었어.

"안 돼요. 숲 속 친구들에게 작년과 똑같은 선물상자를 만들어주면 실망하고 말 거예요. 올해는 더 멋진 선물상자를 만들어야 해요."

하지만 막무가내였지. 바다사자는 머리를 위아래로 흔들어대며 '우오오오~' 소리를 질렀어. 아빠는 도와줄 친구가 있는지 주위를 둘러봤단다. 하지만 바다사자가 아주 힘이 세다는 걸 아는 친구들은 모두 숨어버렸지. 아빠 혼자서 싸울 수밖에 없어…… 그래서 아빠는 요즘 아주 힘들단다……

아들은 아빠에게 물었다. "바다사자랑은 어떻게 싸우는데?"

아빠는 소파에 놓인 쿠션 하나를 끌어안고 떼굴떼굴 뒹굴며 소리쳤다.

"바다사자 아저씨, 그렇게 다짜고짜 우겨대면 안 돼요…… 숲 속 친구들이 원하는 선물상자를 만들어야 한단 말이에요!"

그럼 바다사자가 대답하지.

"우오오오! 나는 리본을 만들 수 있어! 나는 선물상자를 만들 수 있어!"

아들은 까르르 웃었다. 그러고는 갑자기 뛰어올라 쿠션을 두들기며 말했다.

"바다사자야! 아빠를 괴롭히지 마! 나빠!"

아빠는 쿠션을 끌어안고 외쳤다.

"아아…… 아빠를 공격하고 있다! 아들, 도와줘!"

아들은 '이야앗!' 소리를 내며 자신의 광선검까지 들고 와서 바다사자에게 깔린 아빠를 구하려 노력했다. 간신히 아빠를 구출한 아들에게 말했다.

"정말 고마워…… 하마터면 바다사자에게 깔릴 뻔했어……"

지리멸렬한 아빠 엄마의 삶을
아이에게 말해준다는 것

부모는 아이에게 언제나 어른스럽고 완벽한 모습으로 기억되고 싶다. 지리멸렬한 일상, 구차한 사회생활과 그 경험을 어리고 순수한 아이에게 미리 알려주고 싶지도 않다. 어차피 때가 되면 알게 될 일, 지금은 그저 좋은 것만 보고 행복한 시간을 만끽하기를 원한다. 그래서 아이가 궁금해하더라도 선뜻 아빠가 하는 일이나 엄마의 일상적 고민들을 털어놓기 꺼려진다. 나중에…… 나중에……

그렇게 엄마 아빠의 진짜 일상, 진짜 삶에 대한 이야기는 미뤄진다.

덕분에 우리는 커서도 부모님에 대해 딱히 아는 것이 없게 된다. 일정 시점이 지나버리고 나면 부모님이 서로 어떻게 사랑하게 되었는지, 또 당신의 젊은 시절이 어땠는지, 뭘 고민하며 살았는지, 내가 태어난 날 아빠 엄마는 어떤 생각을 했었는지 물어볼 수 없게 된다. 부모님은 늙어가고, 아들딸이 철이 들 즈음엔 고집스럽고 추레한, 연약한 노년의 모습만이 자녀의 눈에 기록된다. 불안감과 열정이 뒤섞인 눈동자를 가진 이십대의 매력적인 아빠, 젊음의 아름다움이 검은 머릿결처럼 빛나던 엄마의 모습, 두 사람이 사랑에 빠져 함께 걷던 공원, 두 손 꼭 잡고 흐릿한 미래를 향해 함께 씩씩한 발걸음을 내딛던 순간들…… 그 소중한 시간과 감정들은 우리 아이들에게조차 공유되지 못한 채 사그라진다. 우리 엄마 아빠의 진짜 이야기는 영원히 잊힌다. 그렇게 사라진 신화가 된다.

초라한 진실과 매력적인 이야기 사이에서

대니얼 윌리스가 쓰고 팀 버튼이 영화로 제작한 〈빅 피쉬Big Fish〉는 우리네 부모님들의 잊힌 신화와 그 의미를 탐구한다.

세일즈맨이었던 아버지 에드워드 블룸은 이야기를 좋아한다. 하지만 아들인 윌리엄은 언제부터인가 아버지가 해주는 이야기들이 지겨워졌다. 거인을 물리치고, 마을 최고의 인기남으로서 수많은 생명을 구했으며, 머리가 둘인 아름다운 게이샤를 만나고, 마녀의 수정구슬에서 본인의 최후를 봤다는 허황된 이야기는 어린아이에게나 통하는 이야기일 뿐이니까…… 어느 순간부터 모든 아버지와 아들이 그렇듯 둘의 관계는 멀어지게 된다.

어느 날 어머니에게서 아버지가 위독하다는 전화를 받고 아들은 집에 돌아온다. 그는 죽어가는 아버지를 지켜보며, 마지막으로 아버지의 진짜 삶이 어땠는지 '진실'을 알고 싶어 한다. 그 과정을 통해 관계를 회복하려 노력한다. 그러나 아버지는 여전히 수백 번도 더 들려준 듯한 이야기를 늘어놓으며 그것이 꾸며낸 이야기가 아니라 '진짜'라고 항변한다. 아들은 그런 아버지를 이해할 수 없다. 죽음이 눈앞에 다가왔는데도 호수의 전설적인 큰 물고기Big Fish가 자신이라고 확신한다니……

아버지의 병세가 깊어지는 시간 동안, 아들은 포기하지 않고 허황된 이야기를 단서로 '진실'을 추적해나간다. 그리고 점차 그 이야기가 '초라하지만 작은 진실들'과 연결되어 있음을 알게 된다. 초라한 진실과 허황된 이야기의 간극 속에서 아들이 방황하고 있을 때, 아버지의 오랜 친구이자 주치의인 베넷 박사가 다가와서 묻는다. 네가 태어날 때 무슨 일이 있었는지 아느냐고…… 아들은 수백 번도 더 들었다면서 대답한다. 자신이 태어나던 그날, 그 순간, 아버지는 전설의 물고기를 잡았다고……

베넷 박사는 고개를 저으며 '진짜 이야기'를 알고 싶으냐고 되묻는다. 그러고는 이야기를 시작한다.

"네 엄마는 오후 세 시쯤 병원에 왔단다…… 네 아버지는 그때 사업 때문에 출장 중이었지. 넌 한 주 빨리 나왔지만 별 탈 없이 세상에 나왔어. 네 아버지는 그 순간을 놓친 걸 몹시 아쉬워했어.

그 시절엔 출산할 때 남편이 함께 있는 게 지금처럼 당연한 것도
아니었는데 말이야…… 그게 네가 태어날 때 있었던 '진짜' 이야기
란다."

오랜 정적이 주치의와 아들 사이에서 흘러간다. 다시 베넷 박사가 말을 꺼
낸다.

"별 볼 일 없는 이야기지? 하지만 나한테 둘 중 하나를 고르라면……
물고기와 결혼반지가 등장하는 멋진 이야기를 택할 거야."

임종의 순간에 아버지는 자신이 돌아갈 강에 대해 말해달라고 아들에게 부
탁한다. 아들은 슬픔과 당혹스러움에 휩싸였지만 대답한다.

"네, 아버지…… 이야기를 해볼게요……"

하지만 아들은 아버지처럼 능수능란한 이야기꾼은 아니다. 아들은 아버지
에게 가르침을 구한다.

"아버지가 도와주세요. 이야기를 어떻게 시작해야 할지……"

그 마지막 순간에 이르러서야 아들은 깨닫는다.
초라한 진실과 허황된 이야기의 구분은 애초에 존재하지 않는다는 사실

을……

그렇게 아버지에게 배운 대로, 또 아버지가 그러했듯,

고된 삶의 마지막을 위한 이야기를 만든다.

병원을 나온 아버지가 강으로 돌아가 커다란 물고기, 빅피쉬Big Fish가 되는 '진실한 이야기'를……

우리 아버지의 삶은 또한 나의 삶, 그리고 아들이 살아가야 할 삶

아이에게 아버지와 어머니의 일상을 들려주는 일이 어떤 교육적 이득이 있는지는 잘 모른다. 다만 우리 아버지 어머니의 삶을 반추하며 드는 생각은 '그분들의 삶의 궤적, 그 속이야기들을 좀 더 많이 들을 기회가 있었다면 어땠을까?'라는 아쉬움이다.

우리에게 완벽한 삶을 산 부모님이 있었기에 지금의 내가 있는 것은 아닐 것이다. 우리의 아이들 역시 마찬가지다. 우리가 부모님을 사랑하고 그리워하는 것은 그분들이 이 세상에서 나를 가장 사랑했으며, 내 실수에 제일 관대했으며, 나를 누구보다 자랑스러워했기 때문이다.

그렇다면 내 아이에게 엄마 아빠의 삶을 들려주지 못할 이유가 무엇이 있을까? 게다가 우리에게는 구차함을 더 이상 구차하지 않도록 만들어주는 이야기라는 좋은 도구가 존재하는데 말이다.

　더 늦으면 때를 놓칠지 모른다. 어린 아들딸에게 팔베개를 해주고 가끔은 엄마 아빠의 일상을 이야기로 만들어 들려주자. "아빠가 어제는 말야~"로 시작해도 좋고, "엄마가 너만 했을 때~"도 상관없다. 때로는 엄마 아빠의 어린 시절 앨범을 펼쳐놓고 이야기해도 좋고, 아빠의 아빠 이야기, 엄마의 엄마 이야기를 들려줘도 좋다. 일기나 편지나 직접 만든 동화책, 무엇으로든 이야기해보자. 어느 순간 아들딸이 우리의 늙음을 안쓰러워 할 때도, 혹은 우리의 존재를 그리워할 때도 이야기 뒤편에 숨겨진 삶의 비밀과 진실을 발견하고 미소 지을 수 있도록……

　우리 아버지의 삶은 또한 나의 삶이며, 또 아들이 살아가야 할 삶이기에……

> 질문자: 〈빅 피쉬〉에서 아들은 아버지로부터 무언가를 배우고자 합니다. 사람들이 아버지로부터 배우길 원하는 그 어떤 것은 무엇일까요?
>
> 월리스: 제 경우엔 아버지가 누군지, 어떤 사람인지를 제일 알고 싶었습니다. 아버지가 어떤 사람이었는지 더 잘 알게 될수록, 저 자신에 대해서도 더 잘 알 것 같은 기분이 들거든요.

아버지와 아들인 저는, 완전히 다른 사람일 수 없으니까요……

−대니얼 월리스의 소설 『빅 피쉬』 중

'대니얼 월리스와의 대화 A conversation with Daniel Wallace'에서

5. 아이와 함께
   "옛날 옛날에~"로 놀아요.

아이가 있는 저녁의 풍경

저녁에 퇴근을 하고 현관문을 연다. 부리나케 달려 나온 아이가 말한다.

"아빠, 샤워하고 나오면 놀아줄 거죠?"

저녁도 먹지 못해 배가 고픈데…… 하지만 아이는 아빠가 샤워하는 동안 아예 욕실 앞에 진을 치고서는 "아빠! 아빠!" 불러댄다. 거품을 머리에 잔뜩 묻힌 채 아들 녀석의 놀이 계획에 대해 들으며 생각한다.

'에휴, 피곤해라…… 오늘은 또 뭘로 어떻게 놀아주나?'

이야기 만들며 놀기

많은 부모들이 아이들의 끊임없는 놀이 요구에 당혹스러워한다. 난처함은 크게 두 가지인데, 첫째는 그 놀이가 끝이 없다는 점이고, 둘째는 뭘로 어떻게 놀아주면 좋을지 모른다는 점이다. 그래서 가끔 '아빠 육아'나 '놀이'와 관련해 소개되는 좋은 기사들에 악플 아닌 악플이 달린다.

'기자님아…… 당신이 애 낳아 키워보세요.'

'함께 놀아주면 좋은 거 누가 모르나요? 끝이 없으니 문제지……'

'대체 어디까지 해야 좋은 부모란 말인가! 죄책감만 든다!'

댓글을 달며 투정하는 부모들의 마음을 모르는 바 아니다. 일단 깔끔하게 인정해야 할 부분이 있다. 부모도 사람이기에 끝도 없는 요구에 언제나 응해줄 수는 없다는 점. 그럼에도 불구하고 아이와 놀기로 마음먹었다면, '이야기로 노는 방법'에 대해 생각해보기를 권한다.

방법은 의외로 간단하다. 일단 아빠나 엄마가 원하는 편안한 장소를 찾는다. 피곤하다면 침대도 좋고, 소파나 거실 바닥도 상관없다(대개는 누워 있는 자세가 될 것이다). 그리고 그곳으로 아이가 원하는 장난감을 가지고 오라고 한다. 물론 놀이 장소와 관련해서는 아이와 협상을 좀 해야 할지도 모른다.

이즈음 문득 이런 핀잔이 들려오는 것 같다.

"에이, 대부분 집에서 다 이렇게 놀잖아요?"

물론 그렇지만, 여기에 한 가지 주문이 빠져 있다.
바로 놀이에 참여한 엄마 아빠의 첫마디이다.
그 마법의 주문은…… **"옛날 옛날에~"**이다.

'옛날 옛날에' 이야기 놀이

아빠 : 옛날 옛날에 꼬리가 없는 공룡(아빠가 들고 있는 공룡)이 살고 있었어요. 그 공룡은 꼬리가 없어서 슬펐어요. "내 꼬리를 찾고 싶어. 얘, 티라노야, 내 꼬리 못 봤니?"

아이 : 그런데 그때! 엄청난 화산 폭발이 일어났어! 쾅! 쾅! 그리고 돌멩이가 막 날아왔대.

아빠 : 꼬리를 찾던 공룡은 화산 폭발을 피하고 싶었어요. 그런데 꼬리가 없으니까 중심을 잡기가 힘들었어요. "나 좀 도와줘~"

아이 : 그런데 티라노는 아무 소리도 못 들었대. 그냥 가버렸대! (자기 공룡을 들고 침대 끝으로 간다.)

아빠 : …… (응? 그냥 가버리면 어쩌라고?)

아이 : 아빠, 왜 안 놀아줘? 왜 얘기 안 해?

아빠 : (당황스럽지만 이내 냉정함을 찾고) "꼬리도 없는데 친구마

저 내 목소리를 못 듣고…… 정말 슬프네."

아이 : 화산이 폭발해서 '쿵' 꼬리 없는 공룡이 깔려버렸대. (갑자기 이불로 아빠 공룡을 덮어버린다.)

아빠 : (입을 가리고) "으으, 돌멩이에 깔려버렸어. 이러다가 화석이 돼버리겠어…… 살려쥬~"

아이 : 티라노는…… 어, 아빠, 잠깐만, 공룡 친구들 더 데리고 올게. (자기 방에서 공룡 두세 마리를 더 가져온다.) 다른 공룡들이 배가 고파서 꼬리 없는 공룡을 잡아먹으려고 한대!

아빠 : "너희들 나를 잡아먹으면 어떡하니? 사이좋게 놀아야지!"

아이 : 근데 애들은 육식 공룡이라서 막 잡아먹어!

아빠 : "엇! 너희들 고기만 먹으면 건강에 나빠! 콩나물도 먹어야 키가 크지……" 아빠는 오늘 점심에 콩나물을 먹었고, 이 공룡도 콩나물 먹는다. 자! 봐봐…… (아빠가 쥔 공룡이 이불 보푸라기를 뜯어먹는다.) "이래서 난 똥도 잘 싸지!"

아이 : 나도 오늘 어린이집에서 콩나물 먹었어. 그런데 그때 무시

무시한 유령이 나타났대!

아빠 : 으…… 무시무시한 유령이라니 너무 무서워~

아이와의 놀이로 대화하기

"옛날 옛날에~"로 시작하는 놀이 방법은 간단하지만 효과가 좋다. 이야기를 들려주듯 친근한 말투로 말하는 게 중요하다. 아빠나 엄마가 한마디를 건네면 아이는 의외로 뒷이야기를 잘 받아낸다. 이렇게 하면 놀이 방법을 잘 모르던 부모도 옛날이야기 들려주듯 편안하게 대화를 이어갈 수 있고, 아이와 번갈아가며 말을 하니 목도 덜 아프고 편안하다. 아이는 놀이에 더 깊게 몰입하니 장점이 많은 놀이 방식이라 할 수 있다.

그런데 주의할 점이 있다. 엄마 아빠의 의도와 방향대로 대화를 끌고 가서는 안 된다는 점이다. 위의 사례에서 보듯 아빠는 공룡이 꼬리를 찾아 나서는 이야기를 하고 싶었지만, 아이는 느닷없는 재난 스토리로 시작해서 유령이 등장하는 오컬트Occult 이야기로 향한다. 한마디로 뒤죽박죽이다. 아빠는 그저 장단을 맞추며 그때그때 이야기를 만들어가면 되는데, 이 부분이 중요하면서도 어렵다. 일단 어른들은 엉망진창 이야기가 낯설다. 그러니 대처하기가 어렵다. 게다가 놀이는 교육의 일부라는 상식과 달리, 이 방식은 별 교육적 효과도 따르지 않는 듯하다.

그래서 처음에는 아이에게 "그렇게 이야기하면 안 된다"고 다그치기도 하고, '옳고 그른 게 무엇인지' 가르치려 한다. 하지만 이 욕구를 참아내야 한다.

놀이 시간은,
아이와 생각을 나눌 수 있는 유일한 대화의 시간이기 때문이다.

대화에 익숙하지 않은 부모와 자녀

예전 〈개그콘서트〉에 '대화가 필요해'라는 코너가 있었다. 무뚝뚝한 아버지, 어머니와 아들이 한 상에 둘러앉아 밥을 먹는다. 젓가락만이 부딪치는 정적 속에서 심각한 대화가 오간다. 가부장적인 아버지는 고등학생 아들에게 "대학 가면 지금보다 훨씬 예쁜 여자친구를 만날 수 있다"고 말하며 훈계를 한다. 아들은 마지못해 여자친구에게 전화로 이별을 통보한다. 그리고 아버지에게 묻는다. "아버지는 엄마 어떻게 만나셨습니까?" 아버지는 "대학 시절에 만났다"라고 답한다. 아들은 망연자실한 모습으로 울부짖는다.

이 코너가 웃음을 자아냈던 이유 중 하나는 우리가 자라던 시절의 익숙한 대화 풍경이었기 때문이다. 그 당시 대부분의 부모님들은 대화 방법이나 애정 표현에 서툴렀다. 그래서 늘 일방적일 수밖에 없었고, 자식들이 어느 정도

머리가 크고 나서는 대화를 꺼려 부모 자식 사이가 멀어지기 일쑤였다.

이랬던 우리가 부모님의 마음을 알게 되는 것은 아이를 낳은 뒤다. 무엇이든 아이에게 먼저 가르치고 싶고, 나보다 나은 삶, 행복을 느끼길 원한다. 그래서 육아에 좋다는 기사에 손이 가고 여러 육아 방법을 시도하려 한다.

하지만 결론은? 어느 순간 우리 아버지 어머니의 목소리를 닮은 자신을 발견한다. 피했으면 했던 대화 방식의 무한 회귀다. 그리고 이즈음에서 진심으로 궁금해진다.

뭐가 잘못된 것일까? 잔소리가 아닌 대화를 하는 방법은 무얼까?
아이가 뒤죽박죽 이야기를 만들어도 개입하지 말아야 하는 이유는 뭘까?

그에 앞서……
대화란 무엇일까?

대화의 의미

'대화가 필요해'라는 개그 코너에 흘러나오는 노래처럼, 우리는 대화를 좋아하며 대화가 중요하다고 생각한다. 연인이나 부부 사이에도 대화가 중요하며 부모 자식 간에도 마찬가지다. '갈등이 있으면 대화를 하라'는 기본 중에 기본이다.

그래서 부모님이 자녀를 앉혀놓고 말한다. "자, 우리 대화 좀 해보자······" 잠시 후 자녀는 친구에게 투덜댄다. "아빠랑은 대화가 안 통해······" 아빠도 엄마에게 하소연한다. "쟤랑은 대화가 안 돼!"

대화를 하는데 왜 대화가 안 되는 걸까? 대화란 대체 무엇일까? 러시아의 문학자 미하일 바흐친은 '대화주의'라는 용어를 만들었다. 그는 대화를 굳이 독백과 대화로 다시 구분한다. 그런데 이상하다. 독백은 혼자 읊조리는 말이고 대화는 상대와 말을 주고받는 것인데, 대화에도 독백이 있다니?

바흐친이 살던 20세기 초반은 격동의 세기였다. 인간의 '이성'을 믿기만 하면 모든 게 해결될 듯 보이던 시기였다. 또 사회주의 러시아나 자본주의와 민주체제를 구축한 서구처럼 특정 이념만이 세상을 구해줄 것이라 확신했던 때였다. 그러다 보니 '~주의^{ism}'나 '~이념' 위주의 해석만이 허용되고 나머지는 극렬히 반대하는 풍조가 일반적이었다.

바흐친이 보기에 이러한 일방적인 사고방식이나 체제의 강요는 (아버지가 아들에게 하는 훈계처럼) 대화의 모습을 한 독백일 뿐이다. 그런 대화는 내가 가치 있다고 여기는 '생각'의 강요로 흐르기 쉽고, 상대의 '생각'이나 '목소리'는 잊히기 마련이다. 내가 옳은 길에 서 있다는 확신이 있으면, 마주 앉은 사람은 '교육이나 훈계되어야 할 대상'이 되기 때문이다.

그래서 진짜 대화는 '다성악'이어야 한다고 그는 생각했다. 하나의 선율이나 목소리가 아니라, 각기 나름의 멜로디를 연주하고 다른 목소리로 노래하지만, 이들이 합쳐져 울려 퍼지는 음악과 같은 것이 '대화의 본질'이라고 생각했다.

누군가는 걱정스러운 표정으로 물을지 모른다.
"그렇다면 엉망진창이 되지 않을까요? 음악은 물론이거니와 아이 교육도 마찬가지죠. 최소한의 질서, 옳고 그름에 대한 합의가 있어야 유지되죠. 모두가 서로 다른 목소리를 낸다면, 그 혼란을 어떻게 감당할까요?"

대등하고 인격적인 관계가 만드는 노래

혼란이 우려된다면 대화의 속성을 곰곰이 생각해볼 필요가 있다. 대화가 성립하기 위해서는 '나'가 있어야 하고, '상대'가 있어야 하며, 대화를 함께할 '이야깃거리'가 필요하다. 대화가 일방적인 독백이 아니라면, '나'는 당연히 '상대'의 목소리에 귀를 기울여야 한다. 합창을 하거나 악기를 연주할 때 상대방의 소리를 잘 들어야 한다고 지휘자가 강조하는 것과 마찬가지다.

우리는 서로 다른 소리를 내는 듯하지만, 나도 상대도 전혀 엉뚱한 집단이나 개인이 아니다. 우리는 지금 동시대를 살아가는 합창단이나 오케스트라의 일원이다. 모두 같은 땅을 딛고 서 있다. 하여 궁극의 혼란에 대한 우려는 출발이 잘못되어 있는 것인지 모른다.

물론 '대화'에서 당장은 불협화음이나 혼란이 느껴질 수도 있을 것이다. 하지만 상대의 소리에 귀 기울이는 노력을 계속한다면, 미래의 언젠가는 더 멋진 화음이 울려 퍼질 가능성이 더 크지 않겠는가? 게다가 상대의 소리에 귀 기울이기 위해서는, '내가 상대보다 더 낫다'라거나 '내가 더 어른이다'라는 관계의 높고 낮음이 없어야만 한다. 바흐친이 '카니발'과 '웃음'에 대해 많은 이야기를 한 이유는 그 때문이다. 카니발은 높은 사람, 낮은 사람, 빈부귀천에 상관없이 모두 광장에 나와 함께 대화하고 웃는 축제이다. 또한 웃음은 바로 그런 인격적 존중과 동등함이 있어야만 나올 수 있다.

요컨대 대화는 바로 이런 동등한 사람이 만나 언젠가 아름답게 울려 퍼질 노래를 만드는 과정이다. 그리고 진정한 아름다움은 노래가 아니라 그 과정에 있다.

아이에게 작은 카니발을 선물하기

아이와 함께하는 '이야기 만들기 놀이'가 유치한 소꿉장난이나 엉망진창인 이야기로 느껴질 수 있다. 하지만 사실 아이와 함께 이야기를 만들며 노는 과정은 작은 카니발과 같다. 어른들조차 엄격한 질서와 이념에 질식될 것 같은 사회생활을 하다가도 축제의 장소에서 웃고 떠들며 해방감을 느끼듯, 아이의 놀이도 마찬가지다.

아이의 삶도 어른과 다르지 않다. 어린이집이나, 학교, 가정에서 독백적인 사회 과정을 경험한다. 하지만 작은 카니발이 펼쳐질 때만큼은 아이가 이야기를 주도할 수 있다, 그 이야기를 들으며 아빠 엄마가 동등한 인격으로 자신을 존중해준다는 믿음이 있을 때 아이는 진짜 웃음, 행복을 발견한다. 관계를 사랑하며, 진짜 대화의 과정을 아는 사람이 된다.

하여 부모가 늙고 고집스러워진, 슬픈 노년의 어느 날에도,

아들딸은 진짜 대화와 웃음이 넘치는 카니발을 늙은 부모에게 선물해주려 노력할 것이다. 대화는 나와 사랑하는 사람이 아름다운 노래를 만드는 과정임을 알게 되었기에……

> 도스토옙스키 소설의 주요 특징은 독립적이며 통일되지 않은, 충만한 가치를 지닌 목소리들의 다성악이다.
>
> 그의 작품은 하나의 객관적 세계 속에 존재하는 인물과 운명을 그리는 것이 아니라, 동등한 권리와 나름의 세계관을 지닌 여러 의식들이, 융합되지 않은 그대로, 어떤 사건의 통일성으로 합쳐지는 것을 그린다.
>
> —미하일 바흐친, *Problems of Dostoevsky's Poetics* 중

6. 아이의 일상을
   그려보세요.

유년 시절의 한 장면

유치원 다니던 시절로 기억한다. 어느 날 아버지가 혼잣말처럼 말씀하셨다.

"그래, 아들아…… 지금이 가장 행복한 시절이란다. 엄마 아빠가
뭐든 다 해주고, 넌 즐겁게 놀기만 하면 되니 말이야……"

코흘리개에 불과했던 나는 그 말씀을 들으며 이런 생각을 했던 기억이 난다.

'늘 행복하진 않아요. 유치원에 있는 힘센 친구가 때릴까 무섭기
도 하고, 점심때마다 친구가 날 늦게 선택하면 몹시 슬퍼요……' (그
유치원은 식사 테이블이 부족해서 점심을 먹은 아이가 나비처럼 날아와
서 다음 아이를 지목하는 순서에 따라 밥을 먹었다.)

이상하게도 그때 아버지의 말씀과 나의 걱정은 기억에 선명하다.
하지만 살아보니 그 말씀이 맞았어요……

아이의 복잡다단한 일상과 감정의 혼란

우리는 하루가 다르게 몸이 자라는 아이를 보면서도, 아이의 감정적 성장과 혼란을 이해하는 데에는 미숙하다. 그래서 야단을 친 뒤 마침 식사시간이라 아이 앞에 아무렇지 않게 밥상을 들이민다. 당연히 아이는 깨작대고 엄마 아빠는 다시 야단을 친다.

"뭘 잘한 게 있다고 밥까지 깨작거리니!"

이유야 어찌 됐든 우리도 뭔가 잘못을 해서 풀이 죽거나 혼났을 땐 식욕이 달아나기 마련이다. 그럼에도 불구하고 우리와는 다른 기준을 아이에게 들이댄다. 어린 녀석이 고차원적 감정인 자존심과 수치심을 느끼리라는 데까지는 생각이 못 미치는 것이다. 하지만 아이의 일상은 생각 외로 복잡하며, 감정 역시 혼란스러운 성장을 겪는다.

아끼던 장난감을 잃어버렸거나 곰인형이 외로워 보여 새 친구를 만들어주고 싶은데 산타할아버지가 엉뚱한 선물을 줄까 근심스럽다. 엄마 아빠가 동생을 더 예뻐해서 걱정이고, 어린이집에서는 자꾸 내 장난감만 빼앗는 친구 때문에 괴롭다. 하지만 선생님이나 엄마에게 말하긴 자존심이 상하고…… 어떻게 고민을 해결해야 할지, 어떻게 이 답답한 마음을 없애버릴지 도무지 알 수 없다. 그래서 화를 내면 엄마한테 혼나고……

앞서 아이와 이야기를 만들면서 대화를 해본 아빠 엄마라면 지금 아이의 일상이 어떤지, 또 가끔은 고민이 무엇인지 엿볼 수 있을 것이다. 그때마다 아이를 꼭 안아주고 "사랑한다"고 속삭여주거나, 주말에라도 신나게 놀아줘서 근심과 스트레스를 날려버리면 더할 나위 없이 좋을 것이다. 그리고 또한 가지, 아이에게 정서적인 위로와 안정감, 생각의 성장을 꾀할 수 있는 방법이 있다.

바로 아이의 일상을 이야기로 만들어 들려주는 것이다.

아이의 일상을 이야기로 만들어 들려준 위대한 작가

소설 『반지의 제왕』의 작가 J.R.R. 톨킨이 아이들을 위한 동화책을 썼다는 사실을 아는 사람은 드물다. 톨킨 자신도 동화책 출간에는 적극적이지 않았다.(톨킨의 동화 대부분은 사후에 가족들에 의해 정식 출간되었다). 이상하게 느껴진다. 작가가 출간을 개의치 않고 작품을 썼다니, 어찌 된 일일까?

사실 톨킨은 불행한 사람이었다. 세 살에 아버지를 여의고 어머니는 가난 속에서 두 아이를 키우다가 톨킨이 열두 살에 병사한다. 게다가 20세기 초중반은 1, 2차 세계대전의 포화로 가득했다. 톨킨 역시 시대를 뒤덮은 그림자에서 자유로울 수 없었다. 전쟁에 참전하여 참혹한 세계상을 경험한다. 시대적 불행과 개인사가 뒤얽혀 그를 압살하려 했을 때, 자신처럼 불행한 고아로 자란 여인과 사랑에 빠져 결혼한다. 그리고 뒤이어 태어난 네 명의 사랑스러운 아이들은 그에게 구원과도 같은 존재가 된다.

그리하여 톨킨은 동화를 쓰기 시작했다.
오로지 네 명의 아이를 위한 동화를……

일상을 담아낸 동화책들

어느 날 톨킨의 다섯 살짜리 아들 마이클이 해변에서 장난감 강아지를 잃어버렸다. 아들은 슬퍼했다. 톨킨은 아들을 위로하기 위해 잃어버린 장난감 강아지 '로버'의 이야기를 만들어 들려준다(그 작품이 바로 『로버랜덤Roverandom』이다). '로버'는 사실 장난감이 아니었다. 마법에 걸려 장난감이 됐을 뿐이다. 그렇게 마이클이 잃어버린 로버는 달에서부터 바다 속까지 여러 모험을 거친 뒤 진짜 강아지가 되어 돌아온다. 마이클은 그 이야기를 들으며 내가 잃어버린 '로버'는 지금쯤 멋진 모험을 하고 있겠지? 라고 생각하며 위로받았을 것이다.

톨킨의 큰아들 존이 세 번째 크리스마스를 맞게 되었다. 톨킨은 편지를 썼다. 편지의 수신자는 아들인데, 보낸 이가 특별하다. 바로 산타클로스(father christmas)였다. 톨킨은 이후 무려 23년간 자신의 네 아이를 위해 매년 크리스마스에 산타와 북극곰이 등장하는 편지를 썼다. 온통 삐뚤빼뚤 흔들리는 글씨체로 북극의 소식, 선물 준비하는 과정의 소소한 이야기, 또 못된 악당들과 싸우는 과정을 흥미진진하게, 때로는 직접 그림을 그려서 아이들에게 선물했다. (톨킨이 사망한 후 그의 가족들은 그 편지를 묶어 'Letters from Father Christmas'(한국어판 제목 『북극에서 온 편지』)라는 이름으로 출판했다.)

그가 손수 그린 그림책 중에는 'Mr. Bliss'(한국어판 제목 『블리스 씨 이야기』)도 있다. 색연필로 정성스럽게 채색한 그림과 함께, 이상하리만큼 긴 모자를 쓴 블리스 씨가 등장한다. 어느 날 블리스 씨는 자동차를 외상으로 사게 된다. 그런데 돈을 가지러 집으로 가는 도중에 여러 가지 말썽에 휘말린다. 덕분에 탑승자가 갑자기 불어난다. 엎친 데 덮친 격으로 숲에서 곰돌이들의 습격을 받는다.

톨킨의 전기에서는 블리스 씨의 자동차 이야기가 톨킨이 직접 겪은 교통사고에서 모티프를 따온 것으로 서술하지만, 가족들 말에 따르면 막내아들의 장난감 자동차를 보고 만든 이야기라고 한다. 아마 여느 아이처럼 과격한 자동차 놀이를 했을 듯…… 그리고 블리스 씨를 곤경에 빠뜨린 곰들의 이름은 톨킨 아이들의 곰인형 세 마리의 이름에서 따왔다.

아이를 위한, 혹은 아빠를 위한 이야기

영문학자이자 대학 교수로 생존 당시에도 세계적 작가의 칭호를 얻은 톨킨이었지만, 동화만큼은 출간이나 세속의 평에 개의치 않았다. 당연하다. 그것은 오롯이 자신의 아이들을 위한 이야기였기 때문이다.

그는 '중간계'라는 어마어마한 세계를 창조하는 와중에도 아이들을 위한 글쓰기를 잊지 않았다. 원고와 강의 노트를 내려놓고, 사랑하는 아이들을 생각하며 글을 쓰고 그림을 그려나갔다. 그가 정성스럽게 그린 삽화들, 아이들이 열광하는 엉망진창 우당탕탕 이야기와 익살맞은 농담만 봐도, 사회적 명성보다는 그저 좋은 아빠로 남기를 원했던 마음이 전해진다.

몸으로 하는 사랑 표현, 말로 하는 대화는 당연히 최고다. 하지만 활자와 책으로 나의 일상이 그려질 때, 복잡다단한 감정의 얽힘이 스르르 풀리는 경험을 한 아이가 어찌 이야기를 사랑하지 않을 수 있을까? 이런저런 고민에 휩싸이는 사춘기 때나 삶의 고비마다 어찌 글을 쓰지 않을 수 있을까? 편지로, 엽서로, 서툴게 직접 그린 동화책으로 남겨진 부모의 사랑을 어찌 추억하지 않을 수 있을까?

그러니 가끔은 아이를 위해 펜을 들고 편지를 쓰고, 이야기를 만들고, 그림을 그려보자. 육아의 의무감에서가 아니라 아이가 기뻐할 모습을 상상하면서, 그렇게 스스로 행복한 시간을 가져보자.

이야기가 주는 기쁨과 위안은

받는 사람과 쓰는 사람 모두에게 공평히 찾아가는 축복이기 때문이다.

　　북극곰이 지붕 위로 떨어진 사고가 났을 때의 그림과 북극 벼랑
에 있는 새로 이사 온 우리 집 그림을 보낸다. 존, 내 떨리는 글씨
를 못 알아보거든 아빠에게 읽어달라고 건네주렴. 마이클은 언제쯤
글자를 배워서 내게 직접 답장을 보낼 수 있을까. 너희 둘과 크리
스토퍼…… 이 녀석은 내 이름과 비슷하네. 사랑을 전한다.

　　이만 줄인다. 안녕……
　　산타할아버지가

　　　　　　　　　　　　　　　　-J.R.R. 톨킨의 *Letters from Father Christmas* 중

7. 아이와 '끝없는 이야기'를 만들어요.

끝없는 이야기란?

매일 재미있는 이야기를 만드는 게 힘들다고 느껴질 때,
아이를 이야기에 참여시키고 싶을 때,
상상력과 창의력을 쑥쑥 자라게 하고 싶을 때,

바로 끝없는 이야기 Never Ending Story 가 필요하다.

그렇다면, '끝없는 이야기'란 뭘까?

> '양 한 마리가 울타리를 넘었습니다. 두 번째 양이 울타리를 넘었
> 습니다. ……'

이런 이야기도 끝이 없는 건 맞다. 하지만 재미가 없으니 아이는 금세 흥미를 잃어버릴 것이다. '끝없는 이야기'는 나와 아이가 창작자가 되어 새로운 세상을 창조하는 작업이다. 땅을 만들고 태양을 만들고, 사막과 바다를 만드는 여정이다. 창작의 상상력이 폭발하는 순간이다.

이제 '끝없는 이야기'가 무엇이고 어떻게 만드는지 배워보자!

잠수함만 있다면 OK!

엄마 아빠의 '끝없는 이야기'에는 일단 잠수함이 한 대 필요하다.

   '갑자기 웬 잠수함?'

잠수함의 이름은 '노틸러스호'가 좋겠다. 그렇다. 쥘 베른의 『해저 2만 리』에 나오는 바로 그 잠수함이다. 그렇다고 기억도 가물가물한 책을 다시 펼칠 필요는 없다. 네모 선장과 아로낙스 박사, 그리고 약간의 설정만 빌려오면 되기 때문이다.

이야기의 시작은 "아로낙스 박사가 배에서 떨어져 눈을 떠보니, 네모 선장의 잠수함이었다" 정도면 충분하다. 소설과 마찬가지로, 네모 선장은 우연히 잠수함에 오른 박사에게 노틸러스호 곳곳을 직접 구경시켜준다. 이즈음에서 우리는 상상력을 발휘해야 한다.

   '만약 이 세상에 알려지지 않은 최첨단 잠수함이 있다면? 뭍으로 올라가지 않아도 자급자족할 수 있는 시스템이 잠수함 안에 갖춰져 있다면? 게다가 크기가 작은 도시만 하다면? ……'

이야기는 아래와 같이 흘러간다.

박사가 네모 선장에게 물었어요.

"엄청나게 큰 잠수함이군요. 여기 있는 사람들이 뭍으로 올라가지 않고 생활하려면, 모두가 먹고도 남을 만큼의 음식을 넣어둘 큰 냉장고가 필요하겠어요!"

네모 선장은 박사의 질문에 싱긋 웃으며 커다란 문을 열었어요. 갑자기 신선한 풀 냄새, 과일 냄새가 풍겨왔습니다. 고개를 올려다보니, 아득하게 높은 천장 아래 푸른 밀밭과 논이 펼쳐져 있었어요. 그리고 논밭 양옆에는 오페라 하우스 관람석처럼 보이는 과수원과 밭이 층층이 쌓여 있지 뭐예요.

"이곳은 우리 잠수함에 필요한 먹거리를 기르는 곳입니다. 1층에는 벼와 밀이 자라고, 2층에는 사과, 배, 오렌지, 포도나무가 있어요. 3층에는 감자, 고구마, 생강 같은 뿌리식물이, 4층에는 커피 열매, 야자나무, 초콜릿의 원료인 카카오나무가 자라고 있지요."

박사는 다시 궁금한 게 잔뜩 생겨버렸어요.

"이런 식물들에겐 햇빛이 필요한데…… 앗! 그러고 보니 천장에 해님이 떠 있네요? 저 해님은 어떻게 만든 거죠?"

"이곳 사람들은 쉬는 날엔 어디로 놀러 가나요? 수영장이나 놀이동산이 있나요?"

"바닷물은 무척 짠데, 마시는 물은 어떻게 만들죠?"

네모 선장은 턱을 긁으며 웃으며 말했어요.

"하하하. 자, 이제 매일 하나씩 질문에 답해드리지요. 일단 인공 해변을 걸으면서 이야기해볼까요?"

작지만 완전한 세계

앞서 이야기 만들기 법칙에서 말한 바와 같이, 모험은 언제나 낯선 세계에서 펼쳐진다. 작가의 상상력과 재능이 발휘되는 때는 바로 이 낯선 세계를 창조하는 순간이다. 어느 정도 틀이 있는 캐릭터나 이야기 구조와 달리, 배경이 되는 낯선 세계는 하얀 백지와 같기 때문이다.

작가는 아무것도 없는 공간에 새로운 세계를 만들어내야 한다. 나무를 심고, 강을 내고, 도마뱀이 사는 사막과 키 작은 동물들이 숨을 수 있는 동굴을 파야 한다. 물론 멋진 초콜릿 폭포가 흐르거나 하트 여왕과 카드 병정이 활약하는 세계를 만들면 좋겠지만, 시작은 자급자족하는 작은 세계를 만드는 것만으로도 충분하다.

네모 선장의 노틸러스호

로빈슨 크루소가 지내던 무인도

하늘을 뚫고 올라간 구름 아파트

제페토 할아버지가 갇혀 있는 고래 배 속

......

그 어느 것이든 상관없다. 현재 세상과 동떨어진, 마치 무인도와 닮은 공간을 설정하면 된다. 그다음 그곳을 우연히 방문하게 된 사람과 곳곳을 다니며 어떻게 여기서 자급자족하면서 살 수 있는지, 그 방문자에게 이곳이 얼마나 멋진 곳인지 설명해주면 된다. 이때 주제는 하루에 하나씩 선정하여 이야기한다. 예를 들면 이렇다.

첫째 날 : 어떻게 먹거리를 얻을까?

둘째 날 : 마시는 물을 어떻게 구할까?

셋째 날 : 천장에 떠 있는 태양은 어떻게 만들었을까?

넷째 날 : 이곳에도 꽃피고 눈 내리는 사계절이 있을까?

다섯째 날 : 이곳 사람들은 어떤 놀이를 할까?

아이와 대화하며 만드는 멋진 세계

이제 아이와 함께 그림을 그리거나, 함께 누워 천장을 바라보며 세계를 만들어갈 차례다. 예컨대 잠수함에서 마실 물을 만드는 이야기를 생각해보자. 정답은 없다. 엄마 아빠와 아이가 함께 상상하며 물을 만들어낼 방법을 찾아내면 된다.

> 박사님이 네모 선장에게 물어봤어요.
> "선장님, 바닷물은 짜서 사람이 마실 수도 없고, 또 여기서 키우는 식물에게 줄 수도 없어요. 물은 어떻게 구하시는 거죠?"
>
> 네모 선장님은 빙긋 웃으면서 대답했어요.
> "물이 필요하면, 우리 잠수함에서 커다란 풍선을 올려 보냅니다. 수면 위로 떠오른 풍선은 커다란 접시처럼 펼쳐지지요. 그리고 비가 내리면 빗물이 풍선 접시에 연결된 빨대를 통해 잠수함으로 떨어지게 됩니다. 그 물은 논과 밭에 비처럼 떨어지기도 하고, 빗물을 모아뒀다가 그 물을 마시기도 하는 거죠."
>
> 박사님은 고개를 끄덕이더니, 또 물어봤어요.
> "그런데 만약 비가 안 오면 어떻게 하죠?"

아이가 그린 노틸러스호. 물고기와 나무, 태양, 그리고 강이 흐른다.

이제는 아이에게 물어보자.

"맞다! 비가 안 오면 네모 선장님은 어떻게 물을 구할까?"

아이는 집에 있는 정수기를 떠올릴 수도 있고, 마트에 가서 사 오는 방법을 생각할지도 모른다. 어떤 것이든 다 좋다. 작은 세계는 마음대로 상상할 수 있는 공간이기 때문이다.

그렇게 매일 잠수함의 비밀이 밝혀지고 작은 세계가 순환하는 원리를 알게 되면서, 아이는 점점 상상의 즐거움에 빠져들게 된다. 잠수함의 한편을 놀이동산으로 만들기도 하고, 사과나무에 필요한 햇빛을 얻기 위해 태양의 귀퉁이를 자르러 모험을 떠나기도 한다.

이때 중요한 것은 아이만큼 이야기를 들려주는 아빠, 엄마도 상상의 나래를 펴야 한다는 점이다. 멋지게 집 안 인테리어를 하는 것처럼, 잠수함의 곳곳, 무인도나 구름 아파트, 고래 배 속을 즐겁고 배부르게 먹고 지낼 수 있는 안락한 곳으로 꾸며보자. 그림도 그려보고, 블록으로 직접 이야기로 만들었던 세계를 재현해보자. 장담하는데 아이만큼 엄마 아빠도 신이 난다.

내 안에 작은 세계 만들기

쥘 베른의 원작 소설을 읽어보면, 19세기의 분위기가 그대로 전해져 온다. 알 수 없는 이유로 배가 침몰하는 일이 많아지자 강대국들은 서로를 의심한다. 제국주의 국가들의 정치적 긴장감이 느껴지는 장면이다. 또 노틸러스호를 자랑스럽게 소개하는 네모 선장의 모습에서는 과학의 힘을 낙관하던 시대적 자신감이 묻어나오기도 한다. 쥘 베른은 이처럼 생생하게 현실을 묘사하면서도 미래를 정확히 예측하기도 했다. 실제로 『해저 2만 리』를 쓸 당시는 잠수함이 발명되기 전이었다. 그는 자신의 상상력만으로 바닷속을 누비고 다니는 미래의 최첨단 잠수함을 만들어낸 것이다.

작가란 이처럼 자신만의 '작은 세계'를 이야기를 통해 빚어내는 창조주다. 그 세계를 묘사하는 과정에서 현실이 지닌 한계는 자연스레 드러나고, 이를 극복하고자 하는 작가의 꿈이 투영된다. 달리 말해 현재를 냉정하게 살피고, 자신의 꿈을 끝까지 밀고 나간 상상이 바로 미래가 되는 것이다.

따라서 함께 이야기를 만드는 행위는 (여러 위대한 작가들의 작품에서 알 수 있듯) 그 작은 세계를 아이의 마음속에 창조하는 방법을 알려준다는 의미다. 아이는 그 과정에서 현실에 부족한 것이 무엇인지를 깨닫게 되고, 자신이 원하는 바가 무엇인지를 알게 된다. 훗날 성장하여서도 현실의 그늘에 주눅 들지 않고 더 좋은 세계를 꿈꿀 수 있게 된다. 아이는 이미 상상력으로 아름다운 세상을 만들어본 경험이 있기 때문이다.

엄마의 희망, 아빠가 원하는 직업이 아니라,
자신의 꿈을 가진다는 것은 바로 그런 의미다.
지금 당장 노틸러스호에 승선하여 함께 탐험을 떠날 이유다.

당신의 이야기가 벌어지게 될 낯선 환경을 창조하려면 우선 자신이 생활하고 있는 친숙한 환경부터 먼저 이해해야 한다. 주변을 조사하고 이해하기 전에는 복잡하고 믿을 만한 상상의 세계를 만들어낼 수 없을 것이다.

사실 사변소설의 가장 큰 가치 중 하나는, 낯선 상상세계를 만들어내는 것이 종종 독자들이 현실 세계를 새로운 눈으로 들여다보도록 돕고, 발견하지 못했을 것들을 발견하도록 하는 가장 훌륭한 방법이라는 것이다.

－오슨 스콧 카드의『당신도 해리포터를 쓸 수 있다』중

8. 힘든 환경에서도
할 수 있어요.

편지로 육아를 한 아빠

귀여운 두 아들을 둔 아빠가 있다. 그런데 아빠는 어렸을 때부터 건강이 좋지 않았다. 곱사등을 갖고 있었다. 엎친 데 덮친 격으로 억울한 옥살이까지 하게 되었다. 둘째 아들이 태어나기 두 달 전 투옥되어 아기의 얼굴조차 보지 못했다. 엄마 홀로 악전고투하며 두 아들을 키울 수밖에 없었다. 아빠는 병약한 몸을 이끌고 편지로 육아를 시작했다.

그 아빠가 바로 안토니오 그람시다.

안토니오 그람시는 20세기 가장 위대한 인물 중 하나로 손꼽힌다. 이탈리아 파시스트 정권에 대항한 열혈 투사였으며, 재판정에서 "이 사람의 두뇌를 20년간 작동하지 못하도록 해야 한다"고 공언할 정도로 무솔리니가 두려워하던 시대의 지성이었다. 그의 '헤게모니 이론'은 여전히 자본주의 사회를 이해하는 데 중요한 키워드이며, 대중과의 소통과 이해에 기반을 둔 그의 철학은 차가운 사상의 이면에 자리한 인간적인 따스함을 느끼게 한다.

하지만 위대한 사상가로서의 그람시만큼, 좋은 아빠로서의 모습을 아는 이는 많지 않다.

그는 좋은 사상가인 동시에 좋은 사람이었다.

그리고 좋은 사람은 당연히 좋은 아빠가 된다.

옥중에서도 장난감 고르기에 골몰한 아빠

그람시는 20년형을 받고 투옥되었다. 파시스트 정권이나 무솔리니의 바람과 달리 투옥 기간에도 그의 두뇌는 결코 쉬지 않았다. 위대한 사상의 대부분은 『옥중수고』로 알려진 편지로 세상에 나왔다. 하지만 그가 심각한 편지만 쓴 것은 아니다. 상당 부분은 아내와 어머니, 그리고 사랑하는 아이들을 위해 쓰였다.

예컨대 첫째 아들이 장난감 공작 세트를 갖게 되었다는 이야기를 들은 아빠는 그게 아이의 창의성에 도움이 될지 걱정한다. 아빠가 보기에는 최신의 미국식 장난감이긴 하지만, 아이를 메마르고 기계적으로 만들까 염려스러웠던 것이다. 그래서 아내에게 아들이 그 장난감을 어떻게 가지고 노는지 꼭 알려달라고 부탁한다.

아빠가 아이의 심성 발달과 장난감에 특별한 관심을 가진 이유는 자신의 어린 시절 추억과 관련이 있다. 일곱 살 무렵 그람시는 『보물섬』과 『로빈슨 크루소』를 읽었다. 즉 자신이 이야기의 세례를 받았음을 기억하는 것이다. 어린 시절의 그는 외딴섬에 떨어질 것을 대비해서 성냥과 밀알을 싸들고 다니기도 하고, 보트와 짐마차를 만들거나 항해술을 공부하기도 했다.

그람시는 이야기가 전해준 모험심을 로빈슨 크루소의 이름을 따서 '로빈슨 주의'라고 이름 붙였다. 라디오나 비행기, 공작 세트 같은 서구 문명이 밀려들던 시대에, 이야기가 전해주는 모험심과 창의성, 즉 로빈슨주의를 그것들이 저해하지 않을까 걱정했던 것이다. 요즘 부모들이 스마트폰이나 게임의 유해성을 걱정하는 것과 비슷하지 않은가?

동화를 만들어 들려주는 아빠

이쯤에서 위대한 사상가이자 좋은 아빠의 어린 시절을 잠깐 알아볼 필요가 있다. 그람시는 일곱 형제 중 넷째로 태어났다. 그의 어머니는 시골에서는 드물게 글을 알고 이야기를 사랑하는 여성이었다. 덕분에 그람시는 어려서부터 어머니에게서 이야기와 쾌활한 유머를 들으며 자랄 수 있었다. 훗날 옥중에서도 어머니를 위해 많은 편지를 썼는데, 그 가운데서 어린 시절 어머니의 모습을 묘사한 글귀를 발견할 수 있다.

언제나 손에 일감이 들려 있었지만 자녀들에게는 유익한 경험을 하게 해주려던 어머니, 이야기를 들려주던 어머니…… 아들은 감옥에 갇혀 있음에도 도리어 어머니를 위로하고 건강을 염려한다. 자신이 들고 있는 첫째 아들의 사진을 어머니에게 부치면서 '귀엽지 않은가요?' 묻기도 하고, 축제에 다녀와서 이야기를 들려달라고 어머니에게 보채기도 한다.

그리고 그가 어머니에게서 배운 대로 아이들에게 이야기를 들려주려 노력한다.

첫째 아들이 러시아 작가 푸시킨의 소설을 읽고 편지를 보내오자 흐뭇해하던 아빠는 당장 자신이 자란 고향의 동화 한 편을 편지에 써서 보내준다. 그 이야기를 재구성하면 대략 다음과 같다.

한 아기 옆에 우유가 있었는데, 쥐 한 마리가 우유를 마셔버린다. 아기가 깨어나 우유를 달라고 울기 시작하자, 쥐는 염소에게 가서 우유를 달라고 한다. 염소는 풀이 필요하다고 말하고, 풀을 찾아 시골에 갔지만 물이 없어 풀이 없었고, 물을 찾아 분수지를 찾아갔는데 깨진 곳을 수리할 우두머리 석수가 필요했다. 석수는 다시 돌이 있어야 수리할 수 있다고 하고, 결국 쥐는 산에게 찾아가 돌을 달라며 자초지종을 말한다.

산은 산림벌채로 황폐해진 모습이었다. 쥐는 만약 지금 돌을 준다면 나중에 아이가 커서 각종 나무를 심어줄 것이라 말하고 돌을 받아온다. 결국 쥐는 아이가 목욕하고도 남을 만큼의 많은 우유를 얻게 된다. 그리고 아이는 커서 쥐의 약속대로 산에 많은 나무를 심어준다. 울창한 산림을 갖게 된 산은 더 이상 마을에 가뭄이 들지 않도록 해주었고, 모든 것이 풍요롭고 행복한 세상이 되었다.

자신이 어린 시절 들었던 이야기를 옥중에서 써서 보내며, 그람시는 모두가 조금씩 도움을 주고받으며 함께 살아가는 철학을 아이들이 배우기를 원했음을 알 수 있다. 후에도 그는 틈이 날 때마다 이야기를 써 보낼 뿐 아니라, 아이들을 위해 『정글북』과 『톰 아저씨의 오두막』과 같은 이야기책을 선물했다.

좋은 아빠에게는 좋은 엄마가 있었고 좋은 이야기로 둘러싸인 어린 시절이 있었음을 그람시의 사례를 통해 알 수 있다.

일상을 이야기하는 아빠

어떤 의미에서든 사회적 규율에 의해 옥중에 갇힌 처지라는 것은 참담한 상황일 수밖에 없다. 어린 자녀들이 복잡한 세상사를 이해하긴 어려우니 자신이 옥에 갇힌 사실을 숨길 수도 있었을 테지만, 그람시의 생각은 달랐다.

그는 자신의 자녀들뿐 아니라 비슷한 처지에 있던 첫째 형의 딸을 위해서도 비슷한 입장을 취했다. 자신이나 형이 엄혹한 시기에 옥에 갇히거나 외국으로 피해 있는 상황을 결코 숨기지 않기를 바랐다. 다만 아이가 충격을 받지 않게끔 부드러운 말로 상황을 설명해주길 원했다. 어머니에게 보낸 편지에서 그람시는 이렇게 말한다.

> 형은 이 세상의 수백만 명의 에드메아(형의 딸)에게 우리가 살아 온 세상보다 그리고 그 애가 지금 경험하고 있는 세상보다 더 나은 어린 시절을 만들어주기 위해 일하고 있기 때문이라고 말씀해주세 요. 그리고 그 애에게 제 아빠가 외국에 있다는 사실과 마찬가지로 제가 감옥에 있다는 사실을 숨김없이 말씀하셔야 합니다……
>
> 그렇게 함으로써 그 애가 지금 분명히 겪고 있을 고통과 앞으로 살 면서 직면하게 될 어려움을 헤쳐나갈 수 있는 힘과 용기, 저항력을 준 비시킬 수 있습니다.
>
> ─안토니오 그람시의 『감옥에서 보낸 편지』 중

그람시는 아이들의 일상에 늘 귀를 기울였다. 앵무새 키우는 이야기를 들 으면 아빠가 키웠던 잉꼬 이야기를 들려주고, 강아지를 갖게 된 아들을 위 해 아빠가 기르던 강아지와 얽힌 일화들을 이야기로 만들어 들려주었다. 작 은 망아지, 여우를 관찰한 일들, 호저 가족과 마주친 이야기들을 세세하고 다 정다감하게 이야기했다. (『감옥에서 보낸 편지』를 읽으면 세심하고 가슴 따뜻한 이야기들을 자세히 접할 수 있다.)

백 년 전의 아빠가 현재의 아빠들에게

우리는 육아나 교육 방법이 시대에 따라 변화한다고 느낀다. 그래서 최신의 방법론, 뭔가 통계적이며 경험적인 데이터가 나온 이론들에 더 신뢰를 보내고 이를 따라 하려 많은 시간을 보낸다. 하지만 백 년 전, 그것도 감옥에서 아이들의 정서 발달과 교육을 위해 애쓴 한 아빠의 이야기는 많은 것들을 되돌아보게 한다.

중요한 것은 아이의 이야기와 일상을 세심히 살피고 헤아리려 애쓰는 마음가짐, 현실의 제약에 좌절하지 않는 불굴의 사랑이라는 점을 새삼 깨닫게 된다. 무엇보다 이런 모든 노력들이 이야기와 대화의 형태로 이뤄지고 있다는 점에 주목할 필요가 있다. 병에 걸려 몸이 불편함에도, 옥에 갇혀 육체가 자유롭지 못함에도 아빠의 사랑은 이야기에 실려 백 년의 시간을 건너 우리에게까지 전달되고 있으니 놀라운 일이다. 우리도 손만 뻗으면 그런 놀라운 일을 할 수 있는 존재라는 점을 생각해볼 일이다.

한편 이번 장에서 주로 다룬 이야기 응용편이라는 것이 대단하거나 복잡한 기술이 아니라는 점도 알 수 있다. 그람시는 이야기를 새롭게 만들어주었고, 자신의 일상을 들려주기도, 아이들의 일상을 이야기로 들려주기도 했다. 아이가 읽은 유명 작가들에 대한 생각이나 직접 그린 그림에 대해 아이의 견해를 존중하는 대화의 방식을 이미 알고 있기도 했다.

하여 구태여 여기에 언급한 많은 이론들과 실용적인 방식들을 외우거나 기억하려 할 필요는 없을 것이다. 왜냐하면 그것은 사랑하면 알게 되고, 알면 보이는 것들일 뿐이기 때문이다. 잠든 아이의 얼굴을 바라보며, 그람시와 같은 좋은 아빠가 원했던 단 한 가지, 아이를 힘껏 안아주고 볼을 비비고 싶은 순간들이 아주 가까이 있음에 감사하는 하루하루를 깨닫는 것……

아마 모든 육아는 바로 그 순간의 소중함을 깨닫는 데서 시작하는 것이리라……

사랑하는 율리크

아빠가 네 그림들을 좋아하는 이유는 그것이 너의 것이기 때문이란다. 그것들은 또한 아주 독창적이라서 자연이 그런 놀라운 것들을 만든 적이 있는지 믿기지 않을 정도란다.
(……)
사랑하는 율리크, 아빠가 너의 그림들을 보고 웃으면 싫니? 아빠는 그것들이 있는 그대로 정말 좋단다.

로마, 퀴시사나 병원에서

아빠

추신) 학교에서는 어떻게 지내니? 싫증내고 짜증내지 않고 공부 잘하고 있니? 공부하는 것이 좋니?

– 안토니오 그람시의 『감옥에서 보낸 편지』에서

'둘째 아들에게 보낸 마지막 편지' 중

9. 진짜 동화책을
   만들어요.

DIY 동화책 만들기

동화책을 직접 만들기로 마음먹었다. 아이에게 특별한 선물이 될 것이 분명하다. 아이가 커서 철이 들면 그 특별한 책이 갖는 의미를 발견하게 될 것이다. 엄마 아빠의 사랑이 듬뿍 담긴, 오로지 자신만을 위해 존재하는 책이니까……

물론 이런 의미 외에도, 책 만들기는 엄마 아빠 입장에서도 색다른 즐거움을 가져다준다. 내 이야기가 책이라는 실체로 다가오기 때문이다. 이런 독특한 충족감은 창작자들의 원동력이 되어왔고, 문자와 그림, 음표가 발명된 이래 많은 이들이 밤을 새우면서 창작에 매달릴 수 있는 마법의 원천이 되었다. 매일 똑같은 풍경 속에서 무의미한 보고서와 서류더미에 파묻혀 지내던 일상에서, 창작자로서의 자신의 능력을 발견하는 것만큼 뜻깊은 일이 있을까?

지금까지 이 책에서는 이야기를 만드는 법과 아이와 함께 나누는 여러 방법들에 대해 생각해보았다. 그렇다면 개중에 아이가 가장 좋아하는 글감은 벌써 준비되었을 것이다. 하지만 책을 만들 때 필요한 전문 편집자를 구하거나 그림 작가, 디자이너를 구하기란 쉽지 않다. 그렇다고 실망하지 마시라. 사실 편집자, 그림 작가, 디자이너 역할을 모두 떠안는 데에 DIY의 즐거움이 있기 때문이다.

이제부터 동화책을 직접 만들 수 있는 방법을 소개해드리도록 하겠다. 전문적인 내용은 뒤로하고(우린 전문 출판업자가 아니니까), 누구나 쉽게 따라 할 수 있는 캐주얼한 방법 위주로 설명해보고자 한다.

DIY 동화책을 만들기 위해 필요한 도구들

1. 기본 도구 : 컴퓨터

과거 출판이라고 하면 옵셋인쇄처럼 엄청나게 큰 인쇄 기계를 돌려야 가능했었죠? 그러다 보니 개인 소장용 출판물은 경제적인 이유로 인해 책다운 모양새로 만들기 어려웠습니다. 그러나 PC의 대중화와 디지털 기기의 발달로 개인 소량 인쇄를 주로 하는 자비 출판 혹은 주문형 맞춤인쇄POD, Print on Demand가 가능해졌습니다.

그런 만큼 디지털화된 공정에 맞는 컴퓨터는 필수라고 할 수 있겠지요. 특히 열정과 사랑이 충만하지만 출판에 있어서는 아마추어인 엄마 아빠가 대부분의 공정을 처리해야 하므로 컴퓨터는 꼭 있어야 합니다. 다행히도 요즘 웬만한 가정에는 모두 컴퓨터가 있기 때문에 큰 문제는 아닐 듯해요. 만약 컴퓨터를 사용하기 어려운 환경이라면 PC방을 이용해보세요.

2. 그림 그리기 도구 : 스케치북? 아니면 전자펜이 달린 휴대전화, 태블릿?

동화책이다 보니 당연히 그림이 필요하고, 경우에 따라서는 손글씨로 이야기를 쓸 수도 있을 것입니다. 그렇다면 '어디에 그림을 그리고 쓸 것인가'가 중요하겠죠? 아래는 몇 가지 그림 그리기 방식에 대한 설명입니다. 상황에 맞는 방법을 선택해보세요.

1) 스케치북에 그리기

– 일단 종이와 펜만 있으면 되니 경제적이고, 그림을 그릴 때에도 익숙한 느낌이 든다는 장점이 있다.

– 또 동화책에는 아이가 직접 그린 그림(낙서라도 좋다)이 들어가면 좋은데, 스케치북은 아이가 쉽게 그림을 그릴 수 있는 공간이고, 또한 아이들이 이미 완성해놓은 작품에서 그림을 따다 쓰기 좋다는 점에서 유리하다.

– 단점이라면 종이에 그린 그림을 다시 PC로 옮기는 다소 번거로운 작업이 필요하다는 것이다. 만약 기기를 다루는 데 익숙하다면 그림을 스캔한 다음 포토샵으로 다듬으면 된다.

– 스캐너나 포토샵을 사용할 수 없다면, 휴대폰 카메라로 찍어도 상관없다. 노출을 조정해서 최대한 밝게 찍거나 휴대폰 안에 있는 '포토 스튜디오' 같은 편집 기능만 활용해도 비교적 깨끗한 이미지를 얻을 수 있다.

2) 전문가 작화용 태블릿

– 웹툰이나 일러스트에 관심이 있는 분이라면 '와콤' 등에서 출시한 전문가용 태블릿을 사용해봐도 좋을 것이다.

– 깨끗하고 깔끔한 디지털 이미지를 얻을 수 있고, 포토샵 등 그림 그리기 프로그램과 연동하여 전문가 수준의 작화와 편집이 가능하다는 장점이 있다.

– 하지만 태블릿을 별도로 구매하는 데 돈이 들고, 기기나 소프트웨어를 능숙하게 다루기까지 시간이 걸릴 수 있으며 휴대성이 떨어진다(휴대성이 강화된 제품이 있기는 하지만 아무래도 아무 곳에서나 낙서하듯 끄적이기는 불편하다).

3) 휴대폰 또는 태블릿 PC

– 가장 권하고 싶은 방법 중 하나다. 휴대성이 뛰어나고, 따로 배우지 않아도 사용법이 직관적이어서 사용이 편리하다. 삼성의 갤럭시 계열 휴대폰이나 태블릿 PC에서는 S펜을 지원하고 있고, 애플 역시 최근에 전자펜을 내놓고 있다. 만약 펜이 없는 스마트 기기를 사용하고 있다면 터치펜을 별도로 구매해서 사용해도 괜찮을 듯하다. 가격대는 1만 원 이하부터 다양하다.

– 앱으로는 오토데스크 사의 '오토데스크 스케치북'을 추천한다. 앱스토어나 플레이스토어 어디서나 다운받을 수 있고 거의 모든 OS에서 지원된다. 무엇보다 무료 버전만으로도 충분한 만족감을 얻을 수 있다.

3. 편집 툴 : 포토샵? 파워포인트면 충분하다!

보통 편집 작업이라면 포토샵을 떠올리는 경우가 많습니다. 하지만 사실 포토샵을 접해보지 못한 분들도 많고, 또 초심자 입장에서 단기간에 레이어의 개념이라든지 다양한 기능을 익혀 사용하기에는 다소 부담스럽기도 합니다. 그래서 저는 파워포인트를 추천합니다. 컴퓨터마다 오피스 프로그램은 기본적으로 깔려 있거나, 노트북을 살 때 할인 제공해주는 경우도 많으니 쉽게 접근할 수 있죠. 파워포인트만 있으면 비교적 간단하게 출판에 필요한 편집을 할 수 있습니다.

DIY 동화책 제작 과정

1. 원고 작성하기

일단 글감을 찾게 되면 이 책의 내용을 참고하셔서 이야기를 써보세요. 이야기가 완성되면 그다음으로 그림을 구상합니다. 이때 어떤 그림이 어떤 페이지에 들어가는 게 좋을지를 정해야 합니다. 감이 잘 잡히지 않는다면 페이지별로 일단 이야기를 넣어봅니다.

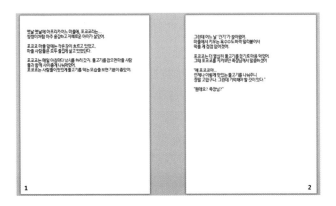

그다음에는 페이지에 어울리는 그림을 생각해봅니다.

그림 실력은 크게 관계없습니다. 저 역시…… 하아, 부끄럽습니다……

하지만 용기를 내세요. 오로지 내 아이를 위한 책이므로, 애정과 열정만 있으면 됩니다.

그림을 그릴 때에는 이야기에 어울리는 주제를 찾아야 합니다. 그리고 '구도'와 '관점'을 다양하게 하면 지루하지 않은 그림이 됩니다. 단, 이때에는 글자가 들어갈 공간을 생각하면서 그림을 구상하시면 좋습니다.

그림은 앞서 설명한 대로 휴대폰의 스케치앱 등을 사용하고, 바탕이나 전체 효과는 역시 휴대폰에 내장된 스튜디오 기능을 통해 손쉽게 작업할 수 있습니다.

도망치는 발을 클로즈업하기

강으로 떨어지는 젊은 사자를 바라보는 시점

표범에게 쫓긴 포코코

갈대숲에 숨은 포코코

그림 그리는 시간을 따로 정할 필요는 없습니다. 평소 시간 날 때 펜을 뽑고 이렇게 저렇게 스케치해보세요. 초등학교 미술시간 이외에 그림을 그려본 적 없는 분이라면 더더욱 그림 그리기의 즐거움을 느낄 수 있습니다.

만약 그림 그리기의 기초가 필요하다고 생각된다면, 서점에서 책을 구해 한두 권 정도 읽어보시는 것도 좋습니다. 서점에 가보시면 여러 종류의 다양한 드로잉 책을 구할 수 있습니다(저는 요지후리 분페이의 『낙서 마스터』라는 책을 재밌게 읽었습니다).

그리고 반드시 아이와 함께 그림 그리기를 시도해보세요. 동화를 함께 나누는 아이 입장에서 해석한(?) 주인공의 모습을 알 수 있습니다. 또한 아이 역시 자신이 책을 쓸 수 있다는 점에 큰 기쁨을 느끼게 됩니다. 동화책 만들기는 반드시 아이와 함께해보세요.

3. 페이지 설정하기

동화책을 어떤 사이즈로 만드느냐는 출판제본소와 상의를 할 수도 있습니다만, 가장 무난하고 추천할 만한 방법은 파워포인트의 '페이지 설정'에 들어가서 설정하는 것입니다. 통상 A4 사이즈로 설정하고 가로 형태인지 세로 형태인지를 결정하면 일반 동화책과 비슷한 크기로 제작이 가능합니다.

이때 상하좌우에는 약 3mm 정도의 여백을 주시면 좋습니다. 인쇄 후 재단

아이가 직접 그리고 색칠한 포코코

이 되는 부분의 여유가 필요하기 때문입니다.

4. 폰트 꾸미기

그림과 더불어 중요한 것이 폰트 디자인입니다. 가끔 문서 작업을 잘하시는 분들을 보면 글자부터가 달라 보이는데, 실제로 보급용이 아닌 상업용 유료 폰트를 사용하시는 경우가 많습니다. 대표적으로 네이버에서 다양한 유무료 폰트를 보급하고 있습니다.

물론 무료라고 표시된 폰트라고 하더라도 비상업적 개인 용도에 국한되는 경우가 대부분이니, 상업적 용도나 기업체에서 사용하시는 경우라면 반드시 '저작권자의 사용 범위'를 확인하셔야 합니다. (네이버에서 배포하는 '네이버 나눔글꼴'의 경우는 글꼴의 불법적 재판매를 제외한 거의 모든 용도에 사용이 가능하다고 하니 참고하세요.)

5. 페이지에 글자와 그림 배치하기

자, 이제 글감과 그림이 완성되었다면 페이지별로 글자와 그림을 배치할 차례입니다. 각 페이지마다 그림과 글자를 어울리게 배치해보세요. 가급적한 가지 폰트를 사용하고 글자 크기를 통일하면 깔끔한 느낌이 듭니다. 전체적인 페이지 순서는 앞표지, 속표지, 1페이지부터 끝페이지, 뒤표지 순서로 만드시면 됩니다.

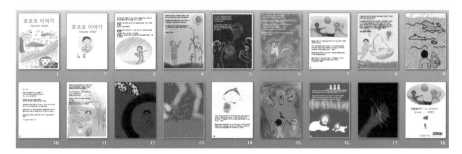

전체 페이지 구성

그런데 어느 날 '건기'가 찾아왔어. 마을에서 키우는 옥수수도 바짝 말라붙어서 먹을 게 점점 없어졌어.

포코코는 더 열심히 물고기를 잡기로 마음 먹었어. 그때 포코코를 지켜보던 족장님께서 말씀하셨어.

"애 포코코야... 언제나 이렇게 맛있는 물고기를 나눠주니 정말 고맙구나. 그런데 기억해야 할 것이 있다."

"뭔데요? 족장님?"

글자에 그림을 얹은 페이지

페이지 내용을 구성할 때 그림과 글자가 한 페이지에 모두 담긴 경우도 있고, 좌측에는 그림이, 우측에는 글자가 있는 페이지도 있습니다. 1페이지를 좌측에서 시작한다면 그림은 홀수페이지, 글은 짝수페이지에 배치한다는 원칙을 떠올리면서 작업하시면 좋습니다.

동화책 만드는 3가지 방법

원고는 완성되었습니다. 그렇다면 이제 인쇄와 제본이라는 과정이 남아 있습니다. 어떤 방식으로 만들까요? 여기서는 소량 주문 제작을 가정하고 크게 3가지 형태로 생각해봤습니다.

1. 본인이 직접 컬러프린터로 출력한 후 제본하여 책을 만드는 경우
2. 원고를 출판 전문 제본소에 직접 맡기는 경우
3. 포토북 전문 회사에서 제공하는 툴을 이용해 책을 만드는 경우

1번의 경우에는 손쉽게 집에서 만들 수 있다는 장점이 있는 반면, 제본 방식은 스테이플을 가운데 박는 중철 제본에 한정된다는 아쉬운 부분이 있습니다. 일반 동화책과 같은 하드커버 형태로 집에서 직접 만들기는 다소 복잡하고 어려운 측면이 있기 때문입니다.

2번은 완성된 원고를 제본소에 맡겨 완성하는 경우인데, 소량 출판을 전문으로 하는 인쇄 제본 출판사를 선택하면 동화책과 거의 흡사한 품질의 결과물을 얻을 수 있습니다. 하지만 소량 주문이다 보니 주문 수량과 제본 방식, 종이 재질 등에 따라 가격이 올라갈 수 있어요.

3번은 사진 등을 엮어 포토북 형태로 만들어주는 서비스를 활용하는 방식인데, 비교적 손쉽고 값싸게 만들 수 있는 반면, 포토북의 특성상 제본이 (아이의 험한 책 사용을 감당할 만큼) 튼튼하지 않을 수 있습니다.

이 밖에 굳이 엄마 아빠가 직접 쓰고 그린 이야기가 필요 없는 분들께 적당한 서비스도 있습니다. 출판사에서 제공하는 이미 만들어진 이야기를 골라 아이의 사진과 이름을 보내거나 웹상에서 제공하는 편집툴로 편집하면, 해당 양식에 맞춰 책을 만들어줍니다. 부모님 입장에서는 편리하고, 아이 입장에서는 자기 얼굴과 이름이 책에 들어가 있으니 신기하고 책과 친해질 계기가 된다는 점에서 좋을 듯합니다. 포털 사이트에서 '동화책 만들기'를 검색하면 적당한 회사를 찾을 수 있습니다.

여기서는 일반 동화책과 흡사한 품질을 기대할 수 있는 2번과 3번 위주로 설명하겠습니다.

제본소에서 물어보는 것들

1. 제본은 어떻게 해드릴까요?

제본은 책의 낱장을 묶는 방식을 뜻합니다. 학교 앞 제본소를 지나다 보면 링 제본, 중철 제본 등의 용어를 볼 수 있는데 그것이 바로 제본 방식입니다. 보통 링 제본은 스프링 연습장처럼 돌돌 말린 링으로 책을 묶은 것이고, 중철 제본은 카탈로그나 전단지처럼 한가운데 스테이플이 박혀 있는 형태를 말합니다.

우리나라에서는 동화책에 하드커버 제본(양장 제본) 방식을 많이 씁니다. 외국에서는 얇은 표지(페이퍼백)를 사용하는 경우도 많습니다만, 내구성 측면에서 보자면 하드커버의 장점도 있으니 선택하기 나름입니다.

하드커버는 말 그대로 딱딱한 표지를 뜻하는데, 통상 합판처럼 두꺼운 재질에 인쇄된 종이를 감싸서 만듭니다. 이를 제본소에서는 '싸바리'라고 합니다. 아무래도 사람 손으로 만들어야 하니 단가가 오르고 제작 기간이 길어질 수 있습니다.

어떤 표지로 할지 결정했다면 이제 내지를 어떻게 묶을지 선택해야 합니다. 보통 '양장 제본/하드커버 제본'이라 하면 내지는 실로 묶는 방식인 '실제본'을 의미하는 경우가 많습니다. 하지만 하드커버로 하되 내지를 풀이나 본드로 붙이는 경우(무선 제본)도 있으니 반드시 구별해서 말하는 게 좋을 듯합니다. 일반 동화책처럼 튼튼한 제본 방식을 원한다면 '실제본'을 추천합니다.

2. 어떤 종이를 쓸까요?

동화책의 종이는 아트지(유광), 스노우지(무광), 랑데뷰지 등이 대표적입니다. 아트지는 가장 보편적으로 쓰이는 광택이 나는 재질의 종이입니다. 스노우지는 무광 재질이라 차분하고, 랑데뷰지는 광택은 있되 입자 느낌이 있어서 고급스러운 분위기를 풍깁니다. 사실 종이의 종류와 재질은 실로 무궁무진합니다만, 위의 세 가지 중 하나를 선택하면 무난할 것입니다.

종이 선택에서 또 한 가지 고려 사항은 두께입니다. 집에서 사진 등을 출력하기 위해 필름지를 사보신 분이라면 종이마다 그램(g) 숫자가 붙어 있음을 기억하실 겁니다. 위에 소개한 종이들도 각기 두께가 다른데, 보통 130g 정도의 내지를 사용하면 무난합니다. 이때 사이즈가 좀 작은 판형의 동화책을 만든다면 두께가 얇은 종이를, 그보다 좀 크다면 두꺼운 종이를 사용하는 것이 좋습니다.

3. 기타 요청할 사항은?

표지와 원고는 다 완성되었는데, 정작 책등(제본소에서는 '세네카'라고 부릅니다)에 책 제목과 지은이 이름이 들어간다는 점을 깜빡 잊기 쉽습니다. 그래서 제본소에 책을 맡길 때는 책등에 책 제목과 지은이 이름 등을 넣어달라고 요청해야 합니다. 정성 들여 만든 책인데 책꽂이에 꽂아놨을 때 무슨 책인지 알 수가 없는 안타까운 상황은 피해야겠지요?

기타 문의사항은 제본소에 문의하시면 대부분 친절하게 답해주십니다. 걱정하지 마세요.

1. 제본소 고르기

양장 제본 책을 소량으로 제작해주는 출판 제본소들은 검색해보시면 찾을 수 있습니다만, 반드시 전화나 이메일로 한두 권 정도의 동화책 양장 제본도 하는지, 가격은 어느 정도인지 비교해서 견적을 뽑아보시기 바랍니다. 어느 정도 규모를 갖추고 동화책 제작을 해본 경험이 있는 업체에 맡겨야 안심이 되겠지요.

2. 제본소에 의뢰하기

대개 인터넷 홈페이지가 있는 출판 제본소들은 1:1 문의, 견적 문의 게시판 등을 운영하고 있습니다. 이곳에 '이러저러한 내용으로 동화책을 만들고자 하니, 견적 좀 알려주세요~'라고 아래와 같이 문의를 하면 됩니다.

제목 : 동화책 제작 견적 요청

다음과 같이 동화책 제작을 의뢰하고자 합니다. 견적 부탁드립니다.

책 종류	동화책
주문 수량	1권
표지	하드커버(싸바리) / 무광
내지 제본	실제본(봉제 박음질)
내지	랑데뷰 130g

판형 및 페이지 수	A4, 30페이지
기타 요청사항	책등(세네카)에 책 제목과 지은이 이름 표기

제본소에서는 이 내용을 보고 대략적인 견적을 내주거나, 혹은 직접 전화를 주시기도 합니다. 통상 주문 수량 및 페이지 수, 제본 방식 등에 따라서 1권의 제작비가 달라지곤 하는데, 하드커버 제본처럼 사람의 수고가 더 많이 들어가야 하는 작업들은 비용이 올라갑니다(10권 이하 소량 주문 시 권당 3~5만 원대).

이제 제본소가 결정되었으면 원고를 넘길 차례입니다. 우리는 앞서 파워포인트 형태로 원고를 만들었는데, 제본소에서는 파일을 PDF로 변환해서 보내주기를 원합니다. 폰트 등이 깨지거나 정렬이 흐트러질 수 있고, 이런 문제로 재차 검수하는 과정이 필요하기 때문입니다. 파워포인트에서 'PDF로 저장하기' 기능을 이용하면 간단하게 PDF 파일을 만들 수 있습니다.

3. 완성품 받아보기

PDF로 된 동화책 원고까지 넘기면 대략 일주일 내에 책을 받아볼 수 있습니다. 다음 이미지가 그 결과물입니다.

1 엄마가 그린 하드커버 앞표지
2 깔끔하게 인쇄된 페이지
3 실로 튼튼하게 제본된 내지

포토북으로 동화책 제작해보기

최근에는 디지털카메라나 휴대전화의 카메라가 많이 쓰이면서, 사진 이미지를 보내주면 포토북 형태의 책으로 제작해주는 업체들이 많아졌습니다. 동화책 역시 이미지 위주니까 포토북 형태의 책으로도 만들 수 있겠지요.

포토북 업체들을 활용할 때의 장점은 다음과 같습니다.

1. 종이 재질, 책 크기(판형), 하드커버, 디자인 등이 규격화되어 제공된다.

즉 제본소에 맡길 때처럼 여러 가지를 고민하고 결정할 필요 없이 포토북 업체 홈페이지에서 마음에 드는 형태를 고르기만 하면 됩니다.

2. 편집툴을 제공해준다.

대개 포토북 업체들은 사진을 예쁘게 배치할 수 있도록 편집툴을 제공하는데, 동화책 만들기의 경우 이미 페이지별 디자인이 되어 있다 하더라도 편집툴을 통해 페이지를 직접 배치하고 '미리보기'를 할 수 있다는 장점이 있습니다.

3. 가격이 상대적으로 저렴하다.

소량 제본 출판의 경우에는 가격이 높을 수밖에 없지만, 포토북 업체들은 이미 만들어진 포맷을 사용하므로 대량 생산이 가능해서 가격이 상대적으로 저렴합니다(앞의 동일한 동화책을 포토북으로 제작했을 때 비용은 2만 원대).

하지만 포토북 업체는 대개 무선 제본(접착제로 페이지를 붙이는 방식)을 선호하기 때문에, 하드커버라 하더라도 내구성에 대한 만족도가 떨어질 수 있습니다. 그러니 페이지 수가 많거나 보다 견고한 제본을 원할 경우에는 따로 요청을 하셔야 할 수도 있습니다.

포토북은 무선 제본이 일반적이다.

제본소의 실제본 방식은 튼튼하다.

또한 편집툴을 통해 개인이 편집을 마치면 포토북 업체는 양식에 맞춰 찍어서 제작하기 때문에 제본소만큼 세심한 검수 과정을 거치기는 어렵습니다.

제본소와 포토북 업체를 비교해보자면 가격 면에서는 포토북 업체가, 내구성과 품질 면에서는 제본소 쪽이 조금 더 강점이 있습니다. 제본소나 포토북 업체 모두 의뢰인이 모르는 부분에 대해 친절하게 설명해주니, 자신감을 가지고 동화책 만들기에 도전해보시기 바랍니다.

동화책과 이야기를 만들어보세요.

택배가 도착하고 아들 녀석에게 동화책을 건네주었습니다. 받자마자 무척 좋아하네요. 특히 자신이 그린 그림이 어디 있는지를 찾아보고는 그 페이지만 자꾸 읽어봅니다. 또 맨 뒷장에 엄마 아빠 그리고 자신의 사진이 붙어 있고 세 가족이 그림 작가로 소개된 부분을 무척 마음에 들어했습니다. 조금 더 크면 아이가 그림을 그리고 직접 쓴 이야기로 책을 만들어줘야겠다고 생각했습니다.

우리는 모두가 훌륭한 창작자요 이야기꾼으로 태어났다는 사실을 잊고 삽니다. 아마도 바쁘고 피곤한 일상, 수치와 비율로 평가되는 자본주의 사회가 주는 피로함 때문일 것입니다.

하지만 고된 사냥에서 돌아와 동굴 벽에 그림을 그린 선사시대 사람들을 생각해보면, '창작'은 여유로운 취미생활이 아닌 인간의 근원적 욕구에 가깝다는 사실을 발견합니다. 그리고 '토끼와 거북이' 이야기가 지금까지 구전되는 것 역시 우리가 타고난 이야기꾼임을 증명합니다. 엄마 아빠의 '이야기 들려주는 입'은 과거의 이야기가 시간의 골짜기를 넘어 미래로 흐르게 하는 동력원이 됩니다.

따라서 아이에게 직접 만든 동화를 들려주는 일, 또 동화책을 직접 만들어보는 과정은 아이를 위한 것이기 전에 수많은 엄마 아빠 자신을 위한 일입니다. 아이와 엄마 아빠 모두가 '창작자로서의 진짜 본성'을 발견하는 여정과도 같습니다.

이제 아이에게 팔베개를 해주고, 또는 색연필을 손에 쥐고 놀라운 이야기를 만들어보세요.

이야기를 나오며

무럭무럭 자라는 엄마 아빠를 위해

아이는 엄마 아빠를 따라 하면서 세상을 배웁니다. 말투, 동작, 문제 해결 방식…… 그러다 보니 우리는 어느 순간부터 아이의 스승처럼 행동하는 데 익숙해집니다. 세상살이 지식을 가르치려 하고, 아이를 내려다보며 잘못이 있는지 없는지 살펴 훈육합니다.

훈육은 잘못된 게 아니고 꼭 필요합니다.
하지만 아이의 진짜 배움은 여전히 '모방'에 있습니다.

아이에게 밥 먹으면서 돌아다니면 안 된다고 화를 내면 어떻게 될까요?
아이는 '밥 먹을 땐 돌아다니지 않는 것'이라는 교훈에 앞서,
혼을 낼 때 소리를 지르는 '행동'을 먼저 배웁니다.
그리고 자신도 화가 나면 엄마 아빠처럼 큰 소리를 지릅니다.

이번에는 소리 지른 아이에게 잘못을 반성하라 한 후 돌아설 때 아이가 묻습니다.

"아빠, 나는 미안하다고 했는데 왜 아빠는 아까 화낸 거 미안하다
고 안 해?"

만약 그냥 애가 하는 말이려니 하고 넘겨버리면,
이번에 아이는 '잘못하면 사과하는 것'에 앞서,
남의 잘못만 탓하는 행동을 배우게 됩니다.

행동을 모방하는 이러한 속성은 결코 골치 아픈 육아 문제가 아닙니다.
도리어 인간의 가장 위대한 본능입니다. 왜냐하면 이 본능으로 인해 누구나
훌륭한 부모가 될 자격과 자질이 생겨나기 때문입니다.

아이는 부모가 어려운 책을 읽고 많이 아느냐에는 관심이 없습니다.
늘 부족한 것을 찾고 배우려는 부모의 태도를 닮게 됩니다. 심각한 말썽에
빠졌을 때, 기막힌 방법을 써서 해결하는 지식을 배우기보다는 그 말썽에도
좌절하지 않고 최선을 다하는 행동양식을 모방합니다.

결국 육아는 단순히 '아이를 잘 키우는' 문제가 아닙니다.
'부모인 내가 잘 크고 있는가?', 즉 '나의 성장'에 대한 문제입니다.

수많은 위대한 이야기들은 모두가 '성장'을 말합니다.

그런 이야기들에서 '성취'나 '결과'는 표면적이며 별로 중요하지 않습니다.

주인공이나 영웅이 빈손으로 돌아오는 경우가 많은 것도 '성취'보다는 '성장'이 더 중요하기 때문입니다.

성장은 '낯선 세계'로 발을 디디고 그곳의 새로운 공기를 들이마시는 순환을 통해 일어납니다. 매일 같은 사무실이나 작업 공간에서 늘 똑같은 하루를 보내고 같은 고민을 하면서 살아서는 안 되는 이유입니다.

그렇게 이야기의 처음부터 끝까지, 바로 그곳에서 고정된 인격에 머무르는 걸 '전형적/평면적 인물'이라고 합니다. 그런 인물이 이야기의 주인공이 된 예는 없습니다. 누구나 그 결말을 알기 때문이며, 누구도 심지어 자신조차도 그런 삶이 재미있다고 느끼지 않기 때문입니다.

'아이에게만은 이런 삶을 물려주지 않기 위해 희생한다.'

이런 엄청난 희생의 선언보다 더 소중한 것은

'내가 먼저 이런 삶을 살지 않겠다'는 다짐입니다.

아이에게 필요한 것은 희생과 고통으로 가득한 부모의 일생, 참혹한 삶의

일면이 아닌, 고난 속에서도 삶은 살아갈 만한 것이라는 희망이기 때문입니다.

엄마 아빠가 무럭무럭 자라야 아이도 자랍니다.
부모가 멈춰 서면 아이도 그쯤에 멈춰 섭니다.
지금 우리는 어디에 서 있습니까?
무료함과 고난의 행군뿐인 일상의 장소인가요?
이제 낯선 세계를 향해 떠날 때입니다.

당장 일을 그만두거나 무작정 꿈을 좇으라는, 엄청난 결정을 하라는 이야기가 아닙니다. 작게는 시간을 쪼개 한 번도 써본 적 없는 시를 쓰거나, 외국어를 시작해도 좋습니다. 뉴스를 보며 무작정 비난했던 상대방의 입장에서 생각해보는 일, 아이와 함께 동화책을 만들거나 잠들기 전 하루를 돌아보는 작은 습관도 좋습니다. 전과는 조금이라도 다르게, 열린 생각을 할 수 있는 낯선 세계가 어디인지를 고민하는 것부터 천천히 시작하면 됩니다. 아이는 아주 작은 변화라도, 그 열린 태도를 배우게 될 것입니다.

모든 삶이 그렇듯, 엄마 아빠도 인생이라는 큰 이야기의 일부입니다.
아이의 탄생은 엄마 아빠에게 더 좋은 이야기를 들려달라는 독자의 탄생이

기도 합니다. 지금까지 어떤 이야기를 쓰고 계셨나요?

이제 더 새롭고, 더 매력적인 이야기를 시작할 때입니다.

나를 위해서,
그리고 사랑하는 내 삶의 진정한 독자인
우리 아이를 위해서…

사람은 어릴 적부터 모방적 행동 성향을 타고난다.

-아리스토텔레스

이야기가 술술 만들어지는 마법지도

-스토리 구조도로 이야기 만들기-

이야기나 캐릭터의 흐름을 쉽게 이해할 수 있도록 선으로 그린 구조도를 '스토리 아크 Story Arc' 또는 '캐릭터 아크 Character Arc'라고 부릅니다. 보통 3막으로 이야기를 구성하는 경우, 피라미드처럼 우뚝 솟은 모양으로 많이 표현하곤 합니다.

여기서는 이야기를 처음 만드는 엄마 아빠에게 필요한 필수적인 캐릭터 요소와 플롯 흐름을 감안하여 오른쪽과 같은 스토리 아크로 정리했습니다. 설명에 따라 각각의 칸에 내용을 채워 넣으면 이야기를 완성하는 데 도움이 됩니다.

제목: 이야기의 제목은?

사건: ⑧에서 벌어진 말썽을 ⓒ, ⓓ, ⑧의 과정을 통해 해결했어요.

목소리: 누구의 시점?

인물: 처음에는 ⓐ가 부족했지만, ⓓ에서 깨닫고 ⑥가 되었어요.

주제: 작가가 하고 싶은 말은?

배경: ⓐ에서 집을 떠나 ⓒ의 세계로 갔다가 ⑥(=ⓐ)로 돌아왔어요.

장애물: 해결의 걸림돌/적은?

D. 깊은 동굴
말썽은 실마리도 없이 꼬여만 가고
위축된 마음, 깊은 좌절에 빠진 시점

B. 사건
작은 사건의 시작
주인공에게 동기와
목표가 발생

E. 클라이맥스
말썽이 최고조에 달하고
주인공이 최선을 다해
장애물과 맞서는 순간

A. 소개
주인공의 성격, 상황,
일상적인 공간, 관계
등을 설명

F. 결말
모든 문제가 해결되고
주인공은 깨달음을 얻어
집으로 돌아옴.

— 1막 —   — 2막 —   — 3막 —

말썽 = 목표 = 동기
어떤 말썽이 벌어지면 주인공에게는
해결해야 할 목표가 생깁니다.
이때, 동기는 주인공이 말썽을 해결
해야만 하는 (심리적) 이유에 해당합
니다.

C. 낯선 세계
일상과 다른 모습
규칙이 있는 낯선 공간
적, 장애물이 있는 입구

해결 = 목표 달성 = 성장
이야기 끝에서 모든 말썽은 해결됩니다.
꼬여 있던 문제들과 의문들이 모두 풀립니다.
특히 심리적인 문제들이 극복되면서
주인공은 성장하게 됩니다.

- '토끼의 모험' 스토리 구조도(사례) -

실제 이야기를 만들 때 아이디어를 얻는 방법은 무궁무진합니다. 어떤 작가들은 스쳐가는 영감에서 이야기를 떠올리기도 하고, 누군가는 책에서 읽은 한 문장, 또는 톨킨처럼 아이가 잃어버린 장난감에서 소재를 찾아내기도 합니다.

아이디어는 찾아오는 것이라기보다는, 늘 생각을 열고 마음에 미약하게 부딪히는 순간을 포착하려는 마음가짐에 있습니다. 평범한 일상도 관점을 약간만 바꾸면 새로운 이야기가 되기 때문입니다.

소재를 찾은 다음은 무조건 펜을 들고 쓰는 것뿐입니다.

프로 작가들은 풍부한 독서와 글쓰기를 통해 이야기의 기본 구조를 경험적으로 파악하고 있습니다. 구조를 비틀거나 변형하는 데도 능숙합니다. 기본기가 좋은 축구선수가 다양하고 독창적인 방식으로 드리블하는 것과 닮아 있습니다. 그렇기 때문에 굳이 스토리 아크를 만들 필요가 없습니다.

하지만 처음 글을 쓰는 엄마 아빠나 아이 입장에서는 기본적인 길 찾기 지도가 있으면 훨씬 더 쉽게 이야기를 만들 수 있습니다. 또는 줄거리를 만든 다음 혹시 빠져 있거나 미흡한 부분을 보충하는 데도 도움이 될 수 있습니다.

다음은 '토끼의 모험' 스토리 구조도입니다. 집에서 아이와 함께 칸을 채우며 직접 이야기를 만들어보세요.

제목: 토끼의 모험

사건: 사라져버린 친구를 숲 속 친구들의 도움과 자신의 지혜로 찾아냄.

목소리: 3인칭(엄마 목소리)

인물: 처음엔 큰 귀가 싫었지만, 친구 말을 잘 들을 수 있는 장점이 있음을 깨달음.

주제: 나와 다른 이의 부족함을 인정하고 서로 사랑하고 돕자.

배경: 외딴 집을 떠나 숲으로 들어갔다가 친구들과 우정을 쌓고 집에 돌아옴.

장애물: 다가오는 추운 겨울

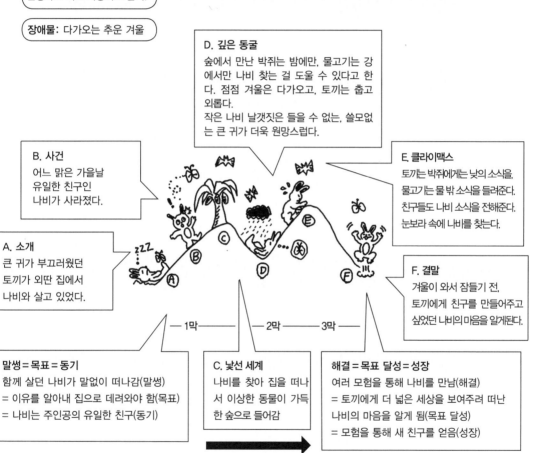

D. 깊은 동굴
숲에서 만난 박쥐는 밤에만, 물고기는 강에서만 나비 찾는 걸 도울 수 있다고 한다. 점점 겨울은 다가오고, 토끼는 춥고 외롭다.
작은 나비 날갯짓은 들을 수 없는, 쓸모없는 큰 귀가 더욱 원망스럽다.

B. 사건
어느 맑은 가을날 유일한 친구인 나비가 사라졌다.

E. 클라이맥스
토끼는 박쥐에게는 낮의 소식을, 물고기는 물 밖 소식을 들려준다. 친구들도 나비 소식을 전해준다. 눈보라 속에 나비를 찾는다.

A. 소개
큰 귀가 부끄러웠던 토끼가 외딴 집에서 나비와 살고 있었다.

F. 결말
겨울이 와서 잠들기 전, 토끼에게 친구를 만들어주고 싶었던 나비의 마음을 알게된다.

— 1막 — — 2막 — 3막 —

말썽=목표=동기
함께 살던 나비가 말없이 떠나감(말썽)
= 이유를 알아내 집으로 데려와야 함(목표)
= 나비는 주인공의 유일한 친구(동기)

C. 낯선 세계
나비를 찾아 집을 떠나서 이상한 동물이 가득한 숲으로 들어감

해결=목표 달성=성장
여러 모험을 통해 나비를 만남(해결)
= 토끼에게 더 넓은 세상을 보여주려 떠난 나비의 마음을 알게 됨(목표 달성)
= 모험을 통해 새 친구를 얻음(성장)

-토끼의 모험 (줄거리 완성 사례) -

옛날에 토끼 한 마리가 살고 있었다. 토끼는 귀가 커다랗고 이상하게 길쭉했는데, 남들이 그 귀를 보고 놀릴까봐 숲에서 멀리 떨어진 곳에 굴을 파고 혼자 지냈다.

어느 날 숲에서 멋진 황금색 날개가 달린 나비가 날아왔다. 나비는 토끼에게 어떤 소리도 다 들을 수 있는 귀가 멋지다고 말했다. 토끼는 처음에는 농담이라고 생각했지만, 나비의 진실한 마음을 알고 이내 좋은 친구가 되었다. 둘은 여름 내내 즐겁게 지냈다.

그런데 가을이 되자 유일한 친구인 나비가 아무런 말도 없이 사라졌다. 걱정이 된 토끼는 용기를 냈다. 나비가 날아왔던 숲으로 가서 친구를 찾기로 마음먹었다. 하지만 숲에 들어가자마자 수많은 소리가 들려왔다. 토끼는 놀랐다. 마치 자신의 못생긴 귀를 놀리는 것처럼 들렸기 때문이다.

토끼가 부끄러워 뛰어든 굴속에는 박쥐들이 있었다. 박쥐는 밤에만 활동한다며, 낮에 숲 속 친구들이 어떻게 사는지 알려달라고 토끼에게 부탁했다.

굴 밖으로 나온 토끼는 다시 나비를 찾아다니다가 다른 동물들의 눈을 피해 시냇물에 뛰어들었다. 마침 그곳에는 물고기가 있었다. 물고기는 물속에서만 숨을 쉴 수 있으니, 물 밖 세상 이야기를 들려달라고 토끼에게 부탁했다.

그러겠노라고 약속한 토끼는 몸이 젖은 채로 다시 나비를 찾아 숲을 헤맸다. 하지만 어디에도 나비는 없었다. 밤이 되자 토끼는 잘 곳을 찾아 박쥐들이 사는 동굴로 돌아왔다.

춥고, 배고프고, 외로웠다.
나비에게 무슨 일이 생긴 걸까?
아니면 나비는 내가 싫어진 걸까?
정작 친구의 작은 날갯소리는 들을 수 없는 못생긴 귀가 더욱 원망스러웠다.

새벽에 박쥐들이 돌아왔다. 토끼는 약속대로 박쥐들에게 낮에 보고 들었던 숲 속 이야기를 전해주었다. 박쥐들은 토끼의 커다란 귀가 정말 훌륭하다며 칭찬했다. 그리고 나비 무리가 숲 동쪽 떡갈나무를 향해 날아가는 걸 봤다는 올빼미의 말을 전해주었다.

다음 날 아침, 토끼는 물고기에게 가서 마찬가지로 물 밖의 이야기를 들려주었다. 물고기도 토끼는 누구 말이든 세심히 듣는 멋진 귀를 가졌다며 칭찬했다. 그리고 이 물길을 따라가면 커다란 떡갈나무에 갈 수 있다고 말해주었다.

하늘이 어둑해졌다. 눈송이가 하나둘씩 날리기 시작했다. 토끼는 시냇물을 따라 동쪽 숲의 떡갈나무를 향해 뛰었다. 이제 토끼는 자신의 못생긴 귀는 전혀 신경 쓰이지 않았다. 거센 눈보라에 유일한 친구인 나비가 죽을까 하는 걱정뿐이었다.

가시덤불을 헤치고, 길을 잃으면 다른 숲 속 친구들에게 물어가며 겨우 숲 동쪽에 있는 떡갈나무에 도착했다.

그리고 그곳에서 나비를 만났다.

토끼는 기뻐 눈물을 흘리며 이제 함께 집으로 돌아가자고 말했다. 나비 역시 다시 토끼를 만나 무척 기뻐했다. 하지만 나비는 이렇게 말했다.

"나는 돌아가지 않아. 이제 긴 잠을 자야 하거든…… 내가 말없이 떠난 건, 네가 굴 밖에 나와 모험을 하며 새로운 친구와 세상을 만나길 원했기 때문이야. 그간 내가 잠에 빠져버리면 네가 외로울까 늘 걱정했어. 하지만 이제 괜찮아. 이곳에 오는 동안 만난 수많은 숲 속 친구들이 모두 네 친구니까……"

졸린 듯 나비는 눈을 깜빡이며 마지막 말을 속삭였다.

"그리고 너의 그 커다란 귀는 정말 멋져……"

토끼는 나비의 말대로 더 이상 외롭지 않았다. 자신의 귀가 못났다는 생각도 들지 않았다.

토끼는 깊은 잠에 빠져드는 친구를 바라보며, 조용히 숲 속 모험에 대한 이야기를 시작했다. 끝나지 않을 것 같은 아주 긴 이야기를……

글쓰기 TIP – 이야기 공장의 하루

글이나 이야기를 만들기로 마음먹었을 때, 우리를 괴롭히는 것은 바로 '언제 어디서 어떻게 쓸 것인가?'라는 현실적 문제들이다. 아이에게 즉흥적으로 이야기를 들려주는 것은 큰 문제가 되지 않을지 모른다. 하지만 그림책을 만들어주기 위해 그림을 그리고 글을 쓴다거나 전문적인 작가가 되려는 사람들은 보다 구체적인 조언이 필요할 것이다. 여기서는 그 문제들에 대해 나누고자 한다.

언제 어디서 쓸 것인가?

글이나 이야기를 만들 때 중요한 점은 자신이 집중할 수 있는 시간과 장소를 확보하는 일이다. 언제든 어디든 상관없지만, 가급적 '나'의 생활방식에 자연스럽게 어울려야 한다. 예컨대 아침잠이 많은 사람이 글을 쓰기 위해 굳이 아침형 인간으로 탈바꿈하는 등의 습관의 변화는 시도하지 않는 편이 낫다. 글쓰기라는 새로운 습관을 들이는 것도 만만치 않은데 수면 패턴까지 바꾸려드는 건 이중으로 고통스러운 일이기 때문이다. 아침잠이 많은 사람은 늦은 밤 시간을 활용하는 편이 현명하다.

일본의 소설가 무라카미 하루키는 수필집『작지만 확실한 행복』에서 '많은 처녀작은 한밤중 부엌의 식탁에서 쓰인다'라는 말을 인용한다. 하루키 자신도 카페 일을 겸업할 때에는 일을 마치고 돌아와 늦은 밤 부엌 식탁 위에서 글을 썼다. 그는 이러한 작품들을 '부엌식탁소설'이라고 했는데, 대부분의 처녀작들은 분명 그런 방식으로 탄생했을 것이다.

그런데 이런 이야기를 들으면 당장 불편한 마음이 일기도 한다.

"애들이랑 하루 종일 씨름하는데 무슨 시간이 난다는 말인가요?"

"일하고 들어와 잠잘 시간도 없는데……"

"전업 작가들이야 그럴 수 있지만, 하루 1, 2시간 내는 게 쉬운가?"

불만은 잠시 접어두고 우리가 부러워하는 전업 작가들의 사정부터 살펴보자. 우리나라든 해외든 작품에 전념할 수 있는 전업 작가들의 수는 생각보다 많지 않다. 불과 몇 년 전 소개된 통계들을 보면, 국내의 신춘문예나 문예지로 등단한 작가들의 4% 정도만이 월수입으로 200만 원 이상을 번다고 한다. 나머지 90% 이상의 작가들은 다른 일을 병행할 수밖에 없는 구조다.

이는 미국의 상황도 크게 다르지 않은 듯하다. 할리우드 영화로도 제작된 〈엔더스 게임〉의 작가 오슨 스콧 카드Orson Scott Card는 저서『당신도 해리포터를 쓸 수 있다』에서 전업 작가의 재정적 어려움을 토로한다. 많은 이들이 글쓰기에 집중하기 위해 과감히 직장을 버리고 전업 작가로 전향하지만, 실제로는 보험료, 생활비 걱정에 도리어 글을 못 쓰는 상황에 내몰린다고 고백한다. 글을 쓰기 위해 일을 버리지 말라는 그의 현실적 충고는 충분히 새겨들을 만한 가치가 있다.

결국 이야기 만들기나 글쓰기는 '완벽한 환경을 갖추고 있기에 쓸 수 있다'라기보다는, '그럼에도 불구하고 쓴다'에 가깝다. '시간이 없다'는 생각은 멀리 치워두고, 지금 당장 글을 쓸 수 있는 시간과 장소를 탐색해보자.

일정한 시간에 글쓰기

앞서 소개한 수필집에서 하루키는 챈들러식 글쓰기를 언급한다. 미국의 소설가 레이먼드 챈들러가 선호했던 글쓰기 방식이라고 하는데, 방법은 이렇다.

일단 매일 특정한 시간을 지정하고, 한 시간이면 한 시간, 두 시간이면 두 시간 무조건 그 자리에 앉는다. 책상에는 언제나 바로 글을 쓸 수 있는 환경을 만들어놓는다. 글이 써지는 날에는 쓰고, 그렇지 않은 날에는 음악을 듣거나 딴짓은 하지 말고 멍하니 앉아 있더라도 반드시 그곳에 앉아 시간을 채운다.

이런 행동이 점차 습관화되면 자리에 앉아 글을 쓰는 과정이 수월해지는 장점이 있다.

누군가에게는 늦은 밤이 될 수 있고 누군가에게는 새벽 시간이 될 수 있다. 또 경우에 따라서는 점심식사 후 자투리 시간에도 가능하다. 일단 나의 하루 시간 가운데 비교적 자유로운 시간을 짜내서 자리에 앉는 것부터 시작해보자.

자유로운 시간에 글쓰기

돌 이전의 아기가 있거나 아이들이 많은 집에서는 일정한 시간을 내는 게 거의 불가능할지도 모른다. 그럴 때에도 방법이 있다.

휴대전화의 녹음 기능을 활용하는 방법이다. 아이를 위해 육아일기를 쓴다거나 동화나 이야기를 만들어줄 때 유용하다. 떠오른 착상이나 이야기를 일단 휴대전화에 녹음시켜놓는다. 그리고 주말이나 쉬는 날에 시간을 내서 녹음된 음성을 문자로 기록한다. 한 번 만들어놓은 이야기를 다시 쓰는 셈이니 자연스럽게 퇴고도 된다는 장점이 있다.

그렇다면 주말이나 쉬는 날은 어떻게 활용할까? 토요일은 집 안 청소와 장보기를 하고, 일요일은 엄마와 아빠가 합의해서 오전은 아빠의 자유시간, 오후는 엄마의 자유시간으로 나누어보자. 아빠는 일단 푹 쉬고 오후를 맞이하니 좋고, 엄마는 자유로운 오후를 생각하며 기꺼이 오전시간을 보내니 좋다. 집 앞에 카페나 도서관이 있어서 책을 읽거나 글을 쓸 수 있는 환경이 된다면 더욱 좋을 것이다.

그럼에도 불구하고 시간을 내기 어려운 경우가 있다. 내 경우에는 주로 아이를 재우고 난 금요일, 토요일 밤을 활용했다. 평일에 틈틈이 쓴 글을 주말 밤에 정리하다 보면 동트는 새벽녘에야 잠자리에 들 때가 많았다. 잠깐 쪽잠을 자고 일어나 휴일의 오전 일정을 어찌어찌 마치면 아이의 낮잠 시간이 된다. 그때 아이와 낮잠을 푹 자고 일어나면 다시 글을 쓸 수 있는 에너지가 회복되곤 했다.

쓰려는 의지만 있다면 방법은 여러 가지다. 그러니 다양한 방식을 시도하면서 나만의 시간을 만들어보자.

어디에 쓸까?

막상 원고지나 PC에 쓰고 나면 책상 앞까지 기어가는 과정이 힘들어 잘 보지 않게 된다. 게다가 일단 피곤하면 동기부여도 잘 되지 않을 때가 많다. 그럴 때에는 개인 블로그나 글쓰기 전용 서비스를 활용하도록 하자.

블로그에 글을 올리면 휴대전화로 언제든 손쉽게 자신의 글을 다시 읽을 수 있으니 좋다. 게다가 내 글에 공감하는 이들의 댓글이나 구독자들에게서 격려를 얻을 수도 있고, 글에 대한 사람들의 반응을 즉각적으로 알 수 있으니 편리하다.

보다 전문적인 공간을 찾는다면 카카오의 '브런치'(https://brunch.co.kr)를 추천한다. 브런치는 글쓰기와 출판에 최적화된 플랫폼을 표방하고 있다. 덕분에 문서 편집은 물론 그림을 넣을 수 있는 편집툴을 제공하고 있어서 초심자들도 예쁜 문서 작업이 가능하다.

브런치에 올린 글을 심사하여 출판사를 통해 정식 출간하는 기회를 제공해주는 '브런치북 프로젝트'도 있다. 또 내가 쓴 글이 괜찮았다면 다음 홈페이지, 카카오 채널, 브런치 앱을 통해 수시로 홍보를 해주니 여러모로 동기부여가 된다. 한 가지 특이한 점은 브런치에 정식으로 글을 쓰려면 브런치 작가 신청을 해야 한다는 점이다. 한두 번 떨어졌다 해도 너무 실망하지 말고, 좋은 글들을 꾸준히 쓰고 다듬어 다시 신청해보자. 브런치 편집자가 감동할 때까지……

그 외에 글을 발표하거나 출판하고 싶다면 공모전에 도전할 수도 있다. '엽서시문학공모'(http://ilovecontest.com/munhak)를 방문하면 아동문학을 비롯한 다양한 문학공모전 일정과 소식을 일목요연하게 살펴볼 수 있다.

이야기 공장의 하루

이야기를 만들기 위해 펜을 잡는 순간, 엄마 아빠는 가사 노동자, 직업 노동자가 아닌 이야기 공장의 노동자가 된다. 이야기 공장은 이상하고 낯선 곳이다. 일을 하고 있지만 그들의 입가에는 미소가 떠나지 않는다. 가끔 머리를 움켜쥐고 있는 이도 있고 피곤한 모습을 한 사람도 있지만, 그들은 기꺼이 야근을 불사한다.

이야기 공장의 월급날은 더 이상하다. 보수는 돈이 아닌 아이의 웃음으로 지급될 때가 대부분이다. 그럼에도 (혹은 그렇기에) 엄마 아빠는 하루의 노동이 끝난 후에도 이야기 공장으로 다시 출근한다.

일상의 공간이 아닌, 낯설고 이상한 이야기 공장의 하루는 그렇게 분주히 지나간다.

우리는 이야기가 성장을 위한 것임을 알았다. 그리고 성장을 위해 일상을 떠나야 함을 배웠다. 일상을 떠나는 일은 결코 어려운 것이 아니다. 우리가 펜을 들거나 키보드를 붙잡거나, 글을 쓰기 위해 책장을 들추고, 휴대전화 녹음 버튼을 누르는 순간이 모두 떠남의 순간이다.

준비됐다면, 이제 이야기 공장이라는 낯선 곳으로 떠날 때이다. 이야기 공장에서 하는 것 역시 일과 닮아 있지만 결코 일이 아님을 어느 순간 깨닫게 될 것이다. 그리고 그 순간 아이는, 엄마 아빠는, 전보다 더 커 있음을 알게 될 것이다.

호흡을 가다듬고, 지금 쓰자!

감사의 글

　아이가 태어나고 온 집 안이 혼돈의 카오스로 변한 순간, 깨달았다. 이것이야말로 낯선 세계, 새로운 이야기의 시작이구나…… 이 놀라운 풍경 속에서 배우고 체험한 바를 어떤 식으로든 전하지 않으면 안 되겠다는 묘한 사명감이 찾아왔다. 하지만 장애물은 만만치 않았다.

　휴먼큐브의 황상욱 대표님. 기이한 이력만큼이나 날카로운 기획력을 지니고 있는 그는 만날 때마다 숙제와 생각꺼리를 넘겨줬다. 고민하며 오랜 시간을 보내다가 만나면 또 "허허, 그렇게까지 고민하실 필요는…"이라고 말하며 사람 좋은 너털웃음을 지었다. 곤란했다. 미워할 수 없으니 특히 곤란했다. 이제 책을 끝냈으니 그가 내주는 숙제에서 해방이다 싶지만, 어쩐지 계속 만나고 싶다. 미움이 아니라면 어떤 감정일까? 대표님과 좋은 책 만드느라 늘 애쓰시는 휴먼큐브 출판사 관계자 여러분께 깊은 감사의 말씀을 전한다.

　오랜 친구 욱종은 우리 집안의 주치의이자 내 영혼의 의사가 돼주곤 했다. 지금은 "부모님도 우릴 키우며 이렇게 힘드셨을까?"라는 말을 읊조리며 서로를 위로한다. 형제 같은 친구가 있다는 건 분명 좋은 일이다.

　총각 시절 어느 날, 선배 형이 저녁을 먹으라며 불렀다. 된장찌개가 보글보글

끓고 있고 세 명의 아이가 엄마와 놀고 있는 모습은 완벽한 '스윗 홈'이었다. 어쩐지 눈물이 났는데, 그 선배와 형수님은 눈치채지 못했을 것이다. 행복한 결혼생활로 타의 모범이 되어준 휘성 형과 선희 형수님께 고마운 마음을 전한다.

냉철한 학문, 따뜻한 실천을 몸소 보여주신 은사님들…… 특히 외대 박치완, 임대근 교수님의 가르침은 잊지 못할듯 하다. 사회에서 만난 동료들과는 거리를 두기 마련이다. 그 원칙을 쉽게 깨뜨려준 이들이 있다. 지금도 늘 저들처럼 '좋은 사람'이 되고 싶다는 욕심을 심어준 병덕, 판영, 영구, 준수, 수지님께 감사를 드린다. 책이 나오기까지 용기를 북돋아준 영혜 PD, 빛나 PD, 윤소연님, 강민식 감독님도 고마워요.

사랑하는 나의 형제, 석, 민의 가족들, 귀염둥이 조카, 하은이, 하랑이……
아내를 낳아주신 장인, 장모님께 감사드린다.

아이가 나온 날 엄마로 새롭게 태어나 엄청난 카리스마를 뿜고 있지만 내게는 여전히 착하고 예쁜 아내 미라. 가끔은 아들과 헷갈리는 게 아닐까 싶을 만큼 나를 엄격히 훈육(?)할 때도 있지만, 말마따나 아내가 없었다면 어찌 지금의 행복한 내가 있겠나 싶다. 언제나 아내의 말이 옳다.

이 책을 함께 만든 사랑하는 아들 하율이, 얼마나 예뻐하셨을까요?
어머니, 아버지……

참고 도서 및 함께 읽으면 좋은 책들

『어린이 문학의 즐거움 1, 2』
페리 노들먼 지음, 김서정 옮김 / 시공주니어

The Global History of Childhood Reader
Morrison, Heidi (EDT) / Taylor&Francis

『어린이책의 역사 1, 2』
존 로 타운젠드 지음, 강무홍 옮김 / 시공주니어

『만년』
다자이 오사무 지음, 유숙자 옮김 / 소화

『호모 루덴스—놀이하는 인간』
요한 하위징아 지음, 이종인 옮김 / 연암서가

『놀이와 인간』
로제 카이와 지음, 이상률 옮김 / 문예출판사

『위대한 꿈의 기록—카프카의 비밀노트』
프란츠 카프카 지음, 이윤택 옮김 / bookin

『스토리텔링, 그 매혹의 과학』
최혜실 지음 / 한울아카데미

『스토리텔링 애니멀—인간은 왜 그토록 이야기에 빠져드는가』
조너선 갓셜 지음, 노승영 옮김 / 민음사

『시학』
아리스토텔레스 지음, 이상섭 옮김 / 문학과지성사

『가정독본』
이만규 지음 / 창작과비평

『도덕 형이상학을 위한 기초 놓기』
임마누엘 칸트 지음, 이원봉 옮김 / 책세상

『공감의 시대』
제러미 리프킨 지음, 이경남 옮김 / 민음사

『실천이성비판』
임마누엘 칸트 지음, 백종현 옮김 / 아카넷

『이야기와 담론』
S. 채트먼 지음, 한용환 옮김 / 푸른사상

『바보상자의 역습』
스티븐 존슨 지음, 윤명지·김영상 옮김 / 비즈앤비즈

『미디어의 이해―인간의 확장』
마셜 맥루언 지음, 김성기 · 이한우 옮김 / 민음사

『유혹하는 글쓰기―스티븐 킹의 창작론』
스티븐 킹 지음, 김진준 옮김 / 김영사

『신화, 영웅, 그리고 시나리오 쓰기』
크리스토퍼 보글러 지음, 함춘성 옮김 / 비즈앤비즈

『천의 얼굴을 가진 영웅』
조지프 캠벨 지음, 이윤기 옮김 / 민음사

『스누피의 글쓰기 완전정복』
몬터 슐츠, 바나비 콘라드 엮음, 김연수 옮김 / 한문화

『스토리메이커』
오쓰카 에이지 지음, 선정우 옮김 / 북바이북

『민담형태론』
블라디미르 프로프 지음, 유영대 옮김 / 새문사

『욕망 이론』
자크 라캉 지음, 권택영 엮음, 민승기 · 이미선 · 권택영 옮김 / 문예출판사

『자크 라캉』
김용수 지음 / 살림

『영웅과 어머니 원형』
카를 구스타프 융 지음, 한국융연구원 C. G. 융 저작 번역위원회 옮김 / 솔

『에밀』
장 자크 루소 지음, 박호성 옮김 / 책세상

『인간의 마음을 사로잡는 스무 가지 플롯』
로널드 B. 토비아스 지음, 김석만 옮김 / 풀빛

『캐릭터의 탄생—스토리텔링으로 발견한 45가지 인간 유형의 모든 것』
빅토리아 린 슈미트 지음, 남길영 옮김 / 바다출판사

『스토리텔링의 비밀—아리스토텔레스와 영화』
마이클 티어노 지음, 김윤철 옮김 / 아우라

『심판·변신』
프란츠 카프카 지음, 김현성 옮김 / 고려원미디어

『샬롯의 거미줄』
E. B. 화이트 지음, 김화곤 옮김 / 시공주니어

『어디로 갔을까, 나의 한쪽은』
쉘 실버스타인 지음, 이재명 옮김 / 시공주니어

『'나'라는 소설가 만들기』
오에 겐자부로 지음, 김유곤 옮김 / 문학사상사

『러시아 형식주의 문학의 이론』
츠베탕 토도로프 지음, 김치수 옮김 / 이화여자대학교출판부

『이솝 우화』
이솝 지음, 천병희 옮김 / 숲

Some Thoughts Concerning Education
Locke, John

『교육론』
존 로크 지음, 박혜원 옮김 / 비봄출판사

Big Fish
Daniel Wallace / Penguin Books

Problems of Dostoevsky's Poetics
Bakhtin, M. M.

『미하일 바흐친과 폴리포니야』
이강은 지음 / 역락

『당신도 해리포터를 쓸 수 있다』
오슨 스콧 카드 지음, 송경아 옮김 / 북하우스

『로버랜덤—마법에 걸린 떠돌이 개 이야기』
J. R. R. 톨킨 지음, 박주영 옮김 / 씨앗을뿌리는사람

Letters from Father Christmas
J. R. R. Tolkien

『북극에서 온 편지』 J. R. R. 톨킨 지음
J. R. R. 톨킨 지음, 김상미 옮김 / 씨앗을뿌리는사람

『블리스 씨 이야기』
J. R. R. 톨킨 지음, 조명애 옮김 / 자유문학사

『감옥에서 보낸 편지』
안토니오 그람시 지음, 린 로너 엮음, 양희정 옮김 / 민음사

『낙서 마스터—상상하고 그리고 즐겨라』
요지후리 분페이 지음, 장은주 옮김 / 디자인이음

『작지만 확실한 행복』
무라카미 하루키 지음, 김진욱 옮김 / 문학사상사

『칼 융의 심리 유형』
칼 구스타프 융 지음, 정명진 옮김 / 부글북스

『3막의 비밀―스토리텔링의 보편적 법칙』
권승태 지음 / 커뮤니케이션북스

『이미지와 상징』
미르치아 엘리아데, 이재실 옮김 / 까치

『안데르센 동화전집』
H. H. 안데르센, 김유정 옮김 / 동서문화사

『시나리오 가이드』
데이비드 하워드, 에드워드 마블리 공저, 심산 옮김 / 한겨레신문사

현명한 아이는
부모의 이야기를
먹고 자란다

ⓒ 김원 2016

초판 인쇄 2016년 6월 27일
초판 발행 2016년 7월 8일

지은이 김원
펴낸이 황상욱

기획 황상욱 **편집** 황상욱 윤해승
디자인 엄자영 **마케팅** 방미연 최향모 함유지 오혜림 **교정** 이수경
홍보 김희숙 김상만 이천희
제작 강신은 김동욱 임현식 **제작처** 인쇄 더블비 제본 경원문화사

펴낸곳 (주)휴먼큐브
출판등록 2015년 7월 24일 제406-2015-000096호

주소 413-120 경기도 파주시 회동길 210 1층
문의전화 031-955-1902(편집) 031-955-2655(마케팅) 031-955-8855(팩스)
전자우편 forviya@munhak.com **트위터** @humancube44
ISBN 979-11-957947-3-7 03370

■ (주)휴먼큐브는 (주)문학동네 출판그룹의 계열사입니다. 이 책의 판권은 지은이와 휴먼큐브에 있습니다.
■ 이 책 내용의 전부 또는 일부를 재사용하려면 반드시 양측의 서면동의를 받아야 합니다.

이 도서의 국립중앙도서관 출판예정도서목록(CIP)은 서지정보유통지원시스템 홈페이지(http://seoji.nl.go.kr)와
국가자료공동목록시스템(http://www.nl.go.kr/kolisnet)에서 이용하실 수 있습니다. (CIP제어번호: CIP2016014562)

fb.com/humancube44